ヤマケイ文庫

溪語り・山語り

山人たちの生活誌

Tokado Hideo

戸門秀雄

Yamakei Library

溪《たに》語り・山語り

山人たちの生活誌

はしがき

「あの頃の川を見せてやりてェな……」

各地の川で知り合った川漁師、職漁師の言葉である。そこには銀鱗ひしめく豊かな流れもあれば、数多くのヤマメ、イワナが走る美しい渓もあったのだ。実は私にも、今の子供たちに見せたい川がある。

昭和三十年代中頃の、埼玉県を流れる荒川支流入間川だ。そこには夏になるとアイ漁と呼ぶアユの地引網漁を中心に、冬には投網によるザコ獲りや網鋤簾《じょれん》を使ったコトー掻き、また春には桜エビと称した藻エビを掬い、菜の花が咲くとクキ寄せといってウグイの瀬作りをする川漁師が何名かいた。ちなみにここでのザコ（雑魚）は、ヤマベ、ウグイで、コトはカマツカのこと。先の人たちが秋になると川に出る日が少なくなったのは、彼らが半農半漁、つまり稲刈りが忙しかったのだ。

私の両親は、その人たちから玄米を預かって精米する、つまり今でいう米屋を営んでいた。父の唯一の楽しみが、一日の仕事を終えて出かける入間川の釣りだった。夕暮れのため蚊鉤《かばり》の流し釣りである。なにしろ自宅から川へは、歩いて一～二分の距離である。私には兄がいたがビク代わりのバケツ持ちは、なぜか自分の方が多かった。釣りの対象は当地でハヤ、クキと呼ぶヤマベ、ウグイだが、時々アユもかかって喜ぶ父を見ると、子供の私もうれしくなった。バケツの中で暴れるアユに触れると、とてもいい匂いがした。当時アユは西瓜の匂いがすると表現したが、その頃でもアユは、かぐわしい香りと美しい姿態から川魚の王者であった。

こうして川遊びが大好きになった私は、普段でも学校から帰ると川に行き、夏休みを迎えると毎日のように魚獲りに熱中した。さらにこんなひとコマもよく覚えている。

子供では立ち込めない荒瀬に網を打ち、良型のアユを押さえるや、その人は投網を抱えながら私がたたずむ河原にやって来る。こちらはその人が誰なのかわかっていたが、「おう、戸門の倅か、待ってろよ、今そこでいくつか獲るから……」と語る漁夫は、通称、〝河野のおじさん〟こと水富（狭山市）の河野滋太郎さんである。氏はこのあたりのアイ漁の親方で、何人かの息子さんたちが、現代風にいえば、チーム河野を支えていた。時には数十名に及ぶお客さんを迎えるアイ漁では、氏の奥さんをはじめ数名の女衆《おんなし》がザコの天ぷらから賄いに至るまで大忙しだ。私も勢子役で、何度かアイ漁の手伝いをしたことがある。網の引けない深みでは、建網と呼ぶ網を張って魚の進入を防ぐが、その前段階として泳ぎの達者な子供が飛び込み、騒いだり石などを放り込む。
やがて地引網を寄せ、トリデ（マヤともいう）と称する囲いの中に魚を集めると、そこはもうどこかの養殖池の水でも干したのか、はては入間川の生簀である。好漁時のアユは五貫目（約二十キロ）を上回り、ザコ類は流れの中に重し代わりの石を入れた茶摘み籠に二〜三杯分である。トリデ内の魚は、しばしお客さんが手摑みで楽しむが、その後は河原に張ったテントの下で、待望の楽しい野宴のはじまりだ。大人はビール、子供はジュースで乾杯だ。熱々のザコの天ぷらと香ばしいアユの河原焼き……。

これが今では語る人も少なくなった、入間川のアイ漁だ。河野さんのほかにも笹井（狭山市）の西沢一二三《ひふみ》さん、高倉（入間市）の西沢市五郎さん、豊岡（同）の増田武治さん等々が、往年の入間川で活躍した名漁師である。

私たちの世代は、学校にプールができるまで、入間川が流れるプール代わりだった。ここでは泳ぎの練習より、今風フィッシュウォッチングを楽しむ子供たちが多かった。流れのあちこちに無数に泳ぐ小魚の群れ……。できることならあの頃の入間川をもう一度、と願う私である。

やがて高校生になると、同級生の勧めで念願のヤマメ釣りに出漁した。今では死語になりつつあるが、当時は出漁という言葉にも違和感がなかった時代である。

名栗川（現、入間川）支流有間川は、私がはじめてのヤマメを釣った渓であり、ホームグラウンドよろしくよく通った川だった。後年、名栗観音センター内のニジマス釣り場の池で、釣りのコーチ役をつとめていた小峰万平さんは、戦前、戦後の一時期、有間谷（当時はそう呼んでいた）のヤマメを釣獲し、村内の旅館、料理屋に納めていた。万平さんは、この流域唯一の専業職漁師であった。

「今日はお父ちゃんの帰りが遅いんで、提燈を持って迎えに行ったら、ビクいっぱいのヤマメを持って有間の夜道を歩いていた――」との話は、その後飯能の町で働いていた娘さんから直接聞いた話として、私の釣友より又聞きした万平さんの数少ないエピソードである。提燈の話から察すると、戦後しばらくから昭和三十年代中頃のことだろう。

また上名栗には、通称〝山川食いっつぁん〟という人がいた。本名は失念したが、山は杣、山菜、猟で、川は釣漁のこと。つまり、あの人は一年中山と川で食っている、という意味である。当地名産の西川材を用いた杉板に焼印を押した釣り鑑札は、確かこの人の手によるものと記憶する。

そのほか東京在住の尾川群司さんは、現在の有料渓流釣り場のある落合に、当時では大変珍しいヤマメの養魚場を設けた人だった。この方は釣果を語るとき、「今日は一貫目（約三・七五キロ）」とか、「ワタ抜きで五百〜六百匁《もんめ》」等々と昔の尺貫法である。仮に二十センチ（七寸弱）のヤマメ一匹が八十グラムとすると、おおよその数量は計算できるだろう。ワタ抜きは、腹ワタを抜いた重量で、いずれも正式な数値ではない。経験上知り得た目方である。まさに古き良き釣漁時代である。

その落合には、当時三軒の家があり、一番手前の志村さん宅を尾川さんは常宿代わりにした。実は私も、こちらには自転車を置かせていただいた。しばしば川で会ったあの名人が、尾川さんと知ったのは、志村さん宅である。

私の時代には、小さなコンクリート製の二面の池に、すでにヤマメの姿はなかった。が、有間川並びに神流川《かんな》（群馬県）等々で釣り溜めたヤマメは一時期、ここに入れて蓄養し、その後狩野川台風（昭和三十三年九月）で甚大な被害を受けた伊豆半島の川へ運ばれた経緯がある。余談ながら、現在も時々話題になる伊豆の渓流にて朱点のないアマゴの正体は、案外このときのヤマメの末裔ではないかと思ったりする。

尾川さんはすでに、『渓流魚　釣りの心技』を世に送っていたが、その後の『渓流魚　ヤマメの人工孵化』は、昭和四十六年の上梓である。あるとき、事前に連絡先をもらっていたため、東京に出かけた折、電話にて件《くだん》の著書の入手希望を伝えると、尾川さんは有間川の私を覚えておられ、「ぜひ私の家に」とうれしいご返事だ。早速ご自宅を訪ねると、尾川さんはしばらく出かけていなかったので、と前置きしながら、有間川の近況を盛んに尋ねられていた。このとき購入した氏のサイン入りの同著は、有間谷の懐かしい思い出とともに、今なお私の大切な宝物である。

さらに私の足がオートバイに代わると、行動範囲は大きく広がった。はじめのうちは武甲山周辺の渓を探釣していたが、先の同級生と一緒にいよいよ奥秩父の深渓、滝川谷のキャンプ釣行を敢行したのは、高三の四月のことだった。このときダイナミックな渓相と竿先を絞り込む良型イワナに魅せられた私は、以後しばらく奥秩父の渓の虜になった。

当時の前線基地とも呼べる川又集落の扇屋山荘は、旅館業とともに若干の雑貨、食料品を扱っていた。この店で不足の品を補うのは、いつものことだった。衝撃的（？）な事件は、この店で起きた。

よくあるアイスクリームの冷凍庫、その片面には何やら冷凍食品らしき物が入っていた。何かの拍子にふと取り出した物体は、一見サンマのようだが、ちょっと違う。一匹ずつもあれば、数匹がビニール袋に入っているものもある。いずれも凍っているため、霜がついたように白い。が、やはり「イワナだ！」、そう呟くと、店主の山中将市さんが、「俺のもあるけんど、でっかいのはみんなそこの市川さん（が釣ったの）

だ」との話。一本ものは、尺から尺二〜三寸の大物だ。いずれも頭を下に、尾を上に向けて突っ込んである。数も二十四はいるだろう。それにしても凄い扱いだ。

その市川さんとは、数年後の解禁日にお会いした。こちらはオートバイの単独行だ。川又集落の最後の家の前で、焚火を起こしている人がいた。「まだ寒いから夜明けまで家に来たらよ」と招いてくれた。伺ってみると、解禁日には毎年こうして焚火を起こして遠来の釣り人を待っているという。よくよく見ると、その人は過ぐる年のこと、入川支流大荒川谷の旧魚止めにて、今日の釣りは終了とばかりイワナの処理をしていると、竿を片手にその滝を降りて来た人がいた。地元の人で、その人曰く、腰ビクばかりか背中のリュックにもイワナは入っているという。滝上のイワナは、かつてご自身が放して増えたとのこと。当時の釣り場ガイドによれば、その滝が魚止めだったので、意外な事実に仰天した私である。

「あんたも今度来たら、釣ってみるといい」とうれしいお話だ。あのときの人が市川さんで、扇屋山荘で見た大イワナも、この人が釣ったものである。名前は確か徳市郎さんといったと思う。市川さんは毛鉤専門で、村内の旅館や民宿に依頼され、山仕事の合い間を見つけては型ぞろいのイワナを釣って届けていた。

あたりがほのぼのと白みはじめた頃、私はお礼を述べて釣り場へ向かったが、とても爽やかな気分で迎えたある年の奥秩父、解禁釣行のひとコマであった。

本書掲載の「やまめ床」さんを訪ねたのもCB二五〇ccのオートバイ時代。さらに車の免許を取得すると、私の釣り旅は大幅に飛躍した。仮に先述の谷々が、私の釣りの上で入門の溪とすると、その後足繁く通った信州、越後、会津の諸河川は、わが青春の溪と呼んでも過言ではないだろう。

そこには魅せられた溪魚ばかりか、山溪に寡黙に暮らす人々との邂逅もあったのだ。

本書は今再びはじまる、山と溪に想いを馳せた山人たちの物語である。

目次

雑魚川職漁師の軌跡

信州の志賀高原を流れる雑魚川《ざこ》(地元ではザッコガワと呼ぶ)は、明治から昭和四十年代後半まで、幾多の職漁師が活躍した渓である。

雑魚川最後の職漁師となった高森貞治郎《ていじろう》氏(故人)については、拙著『山の魚たちの午後』(JICC出版局刊=現・宝島社)の中で彼の半世紀に及ぶ山暮らしを紹介したが、ここでは現在も志賀高原に住む「山勇《やまゆう》」さんこと、山本勇三氏の釣りと人生を紹介しよう。山本さんはイワナ釣りがまだ全盛だった昭和三十年に職漁生活をやめたが、彼もまた雑魚川最後の職漁師と呼ぶにふさわしい男である。それはほかの職漁師がすべて他界した今、当時の雑魚川を語ることのできるただひとりの人物になったためである。

山本さんは大正九年三月九日生まれの六十九歳。出身は志賀の渋温泉。現在は長野県下高井郡山ノ内町志賀高原、蓮《はす》池の畔《ほと》りで、「山勇ヒュッテ」を経営している。「山勇」はもちろん愛称で、当地では本名よりも山勇さんの方が親しみやすい。

はじめに、山勇さんが職漁師になったいきさつについて記しておこう。

少年の手にのせられた三本の毛鉤

雑魚川支流満水《まんすい》川出合少し上手に、現在も「清水《しみず》小屋」と呼ばれる職漁師たちの小屋が残っている。この小屋ができたのは明治後半のこと。当初は粗末な小屋掛けのため「草小屋」とか「竹小屋」と呼ばれ、猟師やネマガリダケを採る人の基地になっていた。

やがて志賀高原の各旅館の需要が高まり、雑魚川のイワナが注目を浴びると、清水小屋は二十メートルほどへだてて二軒に増え、志賀派と木島平派（出身地によって二派に分かれていた）の職漁師によって使われた。その営みは昭和四十八年を最後に山を降りた高森貞治郎氏まで、実に一世紀近くもの間、脈々と受け継がれてきたのだ。

山勇さんが清水小屋に入ったのは昭和八年、十五歳のときだった。その彼が清水小屋の門を叩いたのには次のような理由がある。山勇さんの父、竹治郎氏は小雑魚川の畔りに小屋（通称中《なか》小屋）を建て、竹細工（志賀特産のネマガリダケ細工）を業とした。もちろん片手間にイワナも獲ったが、どちらかというとクマなどの山猟が得意で、山勇さんにいわせれば中小屋時代の竹治郎氏は、まるでマタギのような暮らしだったという。

一方、清水小屋で活躍する若い職漁師から、一手にイワナを買い上げていたのが親方株に相当する浦野竹さん（竹さんは愛称、渋温泉出身）だった。竹さんは春から秋までの半年をイワナ釣りで生計を立て、冬の間は志賀高原一帯で獣を追う猟師であった。清水小屋は彼の手によるものと伝えられており、竹さんはいわば雑魚川職漁師の初代にあたる人といわれている。

さて尋常小学校を修了した勇三少年は、父のいる中小屋で荷運び等の手伝いをしていたが、この頃の奥志賀一帯はまだ道らしき道もなく、荷物の運搬はもっぱら馬の背か人の手によるものしかなかった。そのため子供とはいえ役割は大きく、勇三少年もその仕事を引き受けることが多かった。父の獲ったイワナを、食用以外は清水小屋の竹さんに届けることがあった。そんな頃である。たまたまイワナを届けに行った勇三少年は、竹さんに声をかけられたのだ。

「オイ、ボウズ、これやるけん、ひとつイワナでも釣ってみるか……」

こうして竹さんは二～三の毛鉤《けばり》を勇三少年の手にのせてくれたのだ。

やがて勇三少年の手の平にのった毛鉤が彼の運命を左右することになる。幼少の頃から川に親しみ、イワナを手摑《づか》みで獲っていた彼にとって、毛鉤とはいえ雑魚川のイワナを釣ることはさほど難しいことではなかった。しかし、常に一定の型と数のイワナをそろえるとなると、とても素人では及べるものではなかった。が、このとき手摑みとはまた違った感激を知ったのも事実である。

加えて、この仕事が何よりも山勇さんの好きな川が舞台であることに加え、イワナの値段があまりにも良いことを知ったとき、彼には清水小屋の門を叩くことになんら躊躇はなかった。ちなみにこの頃のイワナの値段は、日雇い賃金が日、三十五銭から五十銭に対し、イワナは百匁三十五銭、一貫目（約三・七五キロ）ではなんと三円五十銭という高値だったのだ。およそ八寸前後のイワナ四十匹で一貫目相当だ。

自ら実践・研究し、あみ出した釣技

こうして清水小屋に出入りする職漁師のひとりとなった山勇さんは、最年少のこともあって何かと可愛がられた。が、その分経験がものをいうこの道では、若いことそのものが大変だった。というのは肝心の釣り方については何も教えてもらえず、言葉での教示も皆無に等しい。このため運良く彼らの技を見る機会に恵まれるか、自ら工夫する以外になかった。彼らはたまに行き遭う素人衆には、冗談半分にその釣り技術を披露することはあっても、けっして同業者の目に触れさせることはなかったし、ましてやその日釣ったイワナを見せるようなことは絶対にない周到さだったのだ。このため山勇さんがプロになるには実践と豊富な経験の積み重ねの中から、自分の「型」を見いだすことが必要であった。こうして雑魚川の職漁師の仲間入りをさせてもらった山勇さんは、石淵から上流を同じ志賀出身の黒岩氏と分けて釣ることになった。

ここで雑魚川の釣り場、すなわち彼らが取り決めていた釣り場協定（一九頁地図参照）に触れておくと、まず清水小屋を境に上流を志賀派の職漁師、下流を木島平派の職漁師に分けていた。さらにつけ加えると、鬼沢と外川沢との間にある、びょうぶ滝から下流の雑魚川および魚野川筋になると、今度は秋山郷の人々の領分になっていた。ただし後述する魚野川の上流部になると、六合《くに》村（群馬県）の漁師が時折訪れる程度で空白に近い状態になっていた。山本氏の所属する志賀派の釣り場、清水小屋から上流（実際には小屋から少し上流が境界だったようだ）の雑魚川については、年代と人によって変動はあるものの、主に小屋から石淵までを児玉氏、小雑魚川を含めた上流を黒岩氏と山勇さんで二分し、マブセ沢や大沢などの支流筋は木崎氏が担当した。

この協定は不文律となっていて、どちらにも立ち入らない約束になっていた。やがて山勇さんは先輩格の黒岩氏とともに、清水小屋から父のつくった中小屋にベースを替え、より上流部の釣り場を確保した。この頃になると、当初全員のイワナを買い上げていた親方株の竹さんは山を降りていたためイワナは各自で納めていた。

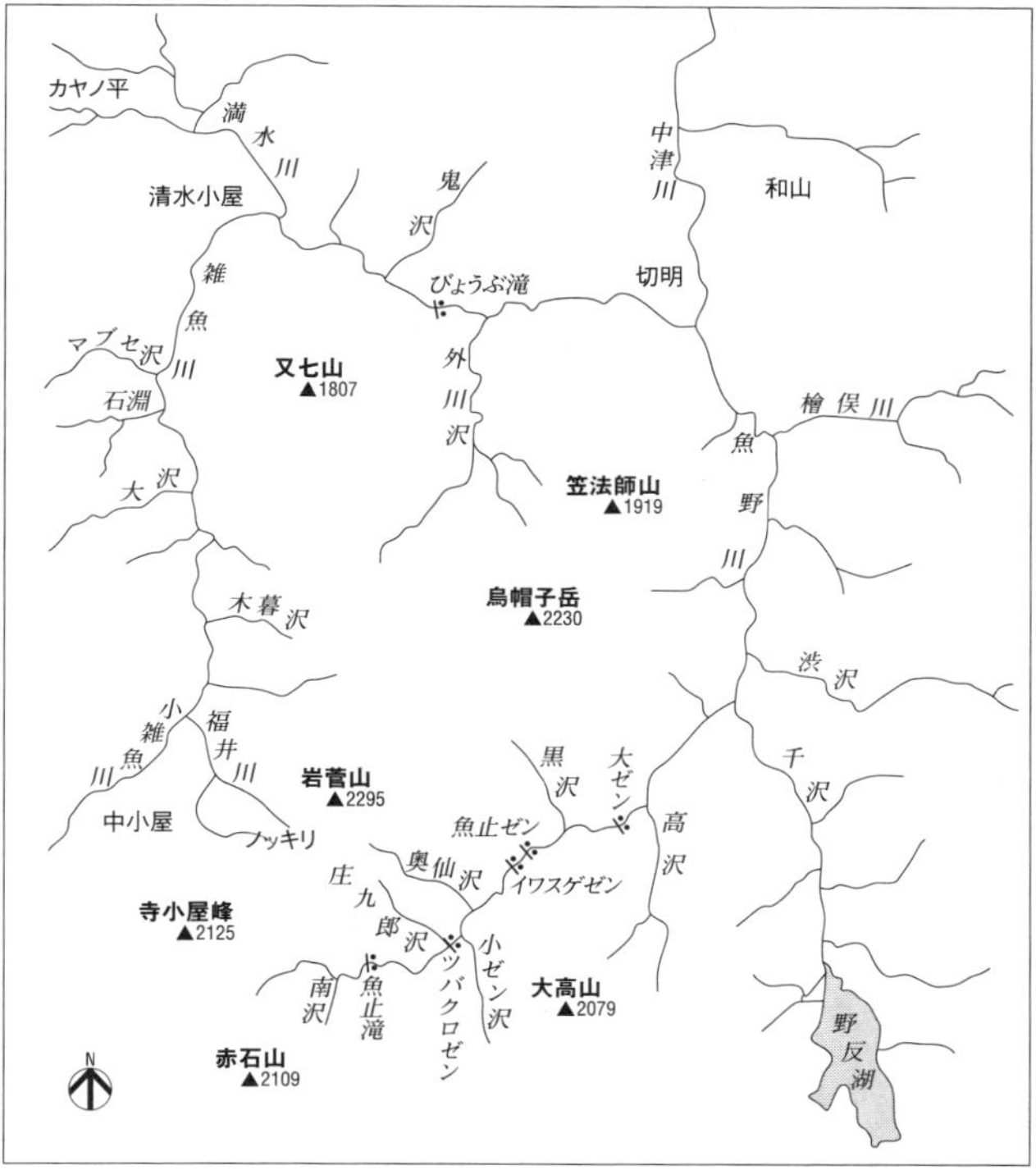

カヤノ平
満水川
清水小屋
鬼沢
中津川
和山
雑魚川
びょうぶ滝
切明
マブセ沢
又七山
▲1807
外川沢
石淵
檜俣川
魚野川
大沢
笠法師山
▲1919
木暮沢
烏帽子岳
▲2230
渋沢
小雑魚川
福井川
黒沢
大ゼン
千沢
岩菅山
▲2295
中小屋
ノッキリ
魚止ゼン
高沢
奥仙沢
イワスゲゼン
庄九郎沢
寺小屋峰
▲2125
小ゼン沢
ツバクロゼン
南沢
魚止滝
大高山
▲2079
野反湖
赤石山
▲2109
N

愛竿を振って半世紀あまり。なかには「鬼の山勇」と評する人もいるが、愛する雑魚川を想えばこそ

当時、毛鉤釣り修行中の次男、正君と。山勇さんのご兄弟、ご子息はいずれも毛鉤釣りの名手

主な納め先は志賀高原の温泉宿で、山勇さんは発哺《ほっぽ》温泉の「天狗の湯」か「薬師の湯」で買い上げてもらった。このときの納品は生のままで出しており、これには彼らなりの工夫が施されていた。

それはワタ抜きしたイワナを四～五日は保存する方法で、水温の低い清水（湧水）を利用するやり方だ。背負うのにも都合の良い「六十センチ×三十センチ×三十センチ」の木箱に笹の葉を間にしてイワナを並べ、湧水の落ち口に置くと箱の中は冷蔵庫の役割になった。箱の中には水が入らない方がイワナの持ちが良く、木箱の回りにサワグルミの皮を貼って防水した。この木箱は背負箱または魚箱と呼び五～六貫目のイワナが収容できた。

なお、清水小屋の名称は、現在も小屋脇に湧き出る清水に起因し、その湧水は、水温が低いためイワナの保存とともに「使い川」と呼んで、多くの職漁師たちに重宝がられたことはいうまでもない。

六月十日以前に毛鉤を叩くとまずい！

さて、気になるのが釣り期と釣り方だが、雪の少ない年は三月の彼岸頃から川に入ることもあった。まだ動きの少ないイワナが相手のこの時期は、川虫（チョロ）が餌

雑魚川職漁師の系譜		
活躍時代	志賀派	木島平派
第1期 （明治〜昭和初期）	浦野竹さん 黒岩親子 （父の名は不明、子は晴高氏） 児玉伝治氏	丸山長五郎氏 市ノ割のキチゾウ氏（姓は不明） 湯本氏（高森氏の叔父） 高森貞治郎氏
第2期 （昭和10年頃）	児玉伝治氏 黒岩晴高氏 山本勇三氏 木崎宇平氏	市ノ割のキチゾウ氏 湯本氏 高森貞治郎氏
第3期 （昭和20年〜30年代）	●清水小屋 児玉伝治氏 木崎宇平氏 ●中小屋 黒岩晴高氏 山本勇三氏	高森貞治郎氏 高森太八氏
第4期 （昭和40年以降）	木崎宇平氏 （昭和45年頃まで）	高森貞治郎氏 （昭和48年に山を降りる）

（注）ここでは確認できた職漁師だけを記載した。

となった。今ではとても信じられない話だが、当時の雑魚川では、頭の大きさほどの石ひとつを持ち上げると、湯呑茶碗一杯分の川虫が採れたのだ。それほど雑魚川には川虫もイワナも多く、実に双方のバランスが保たれていた。

そして六月の声を聞くと、いよいよ毛鉤の季節である。とくに志賀高原一帯では、「ミズキの木（通称ダンゴの木）に白い花が咲くと毛鉤は盛ん」といわれ、この花の咲く六月半ばからイワナはおもしろいように釣れた。山勇さんは七月いっぱいまでの一カ月半だけで、およそ五十〜六十貫目のイワナを上げていた。ちなみに雪がちらつく十月いっぱいまでで、約百〜百二十貫目、八寸前後のイワナなら五千〜六千匹の数量である。なお当時は禁漁期どころか、現在のような漁業組合もまだ生まれていなかった。山勇さんを含む児玉伝治、高森貞治郎・太八兄弟、黒岩晴高、児玉千種、熊井喜八の職漁師各氏、合計七名で発足した殖産組合（後の雑魚川漁業協同組合）が、現在の志賀高原漁業協同組合に相当する。

山勇さんの毛鉤釣りは、延べ竿に桐の握りをつけたもので、竿の長さは約二間（約三・六メートル）。握りに使う桐は太さと軽さのバランスから二年ものを使っていた。糸は戦前はナラの木につく山繭《やままゆ》の玉になる寸前のものを、尻から糸を抜いて酢で延ばして使っていた。これは本天蚕糸《てぐす》と呼ばれるものだが、乾いていると硬いためよく折れる（切れる）のが欠点だった。

戦後になるとナイロンが出回り、道糸は飛びやすい馬素（馬の尻尾の毛）を使い、先糸にはナイロンを使用した。やはりナイロンの出現は本天蚕糸に比べ安心して使える点で驚異であった。また毛鉤については、黒と白のマダラはプリモスのオスの一年もの、茶はコーチンから選び、ニワトリやチャボを飼って常にいい毛（羽根）が入るように心がけていた。後年は仏壇用の毛バタキの中から気に入ったものを選んでいた。

山勇さんは釣り方とは別に、「水温」とか「六月十日以前に毛鉤を叩くとまずい」と口にする。理由は水温については十二～十七度がイワナの出が良いと断言するが、これは水温計を使って調べた正確なものではない。が、ちょっと水に触れただけでい い当ててしまうのだ。また、六月十日以前云々については、イワナに毛鉤を覚えられるからだ。

私はこの話を聞き、今の雑魚川ならともかくあの時代の雑魚川で……と思ったものである。ところが次の言葉には、プロとアマの違いがはっきりと出ている。

「毎日、イワナ釣るんだけん。空《から》バリ（鉤《はり》がかりしないこと）があったんではいけん！」

つまり、毛鉤に出るのは、食い気のあるイワナが相手になる。が、山勇さんのいう六月十日以前では水温にもムラがあり、どうしても取りこぼしのイワナが出ることになる。これはまだ完全に毛鉤の佳境に達していないためで、ハリの怖さを知ったイワナは、やがてスレの原因になる。つまり山勇さんの話は、出るイワナはすべて釣るという自信の裏づけである。

雑魚川を変えた嵐の爪痕

やがて戦争がはじまると戦地に赴いた。この間は父、竹治郎氏が山勇さんの代役をつとめてくれた。それは生活もさることながら、縄張り（釣り場）の確保でもあったのだ。

昭和二十一年、復員し再び雑魚川の山暮らしに戻ることになった。心配していた雑魚川は何人かの職漁師が残っていたこともあり、幸いにも思っていたほど荒れてはいなかった。ただ水源にあたる一の瀬、高天ケ原にかけた一帯は、木材供出のためブナやシラビソなど多くの大木が伐り出されていた。その姿を見て、

「えらいハゲ山になって……」

と驚いたが、このことがよもや数年後に襲う災禍の一因になるとはまだ気がつかなかった。その災禍とは、昭和二十四年に日本各地に被害をもたらしたキティ台風である。

「そりゃ、えらいもんじゃった。あんときは山全体が揺れおってなァ。あんな水は見たことがなかったけん。川の中にあった二回りも三回りもあるブナの大木が、倒れもせんと下へ下へ動いてな。あれっ、変だな、とよく見ると、下ごとそう中州ごと動いて（流れて）いたなァ。あれだけの木、切ったら山も川も持たねえや」

山は崩れ、小屋は流され、渓は見るも無残に変わり果てたのだ。この出水を境にそれまで原生林に囲まれた昼なお暗い雑魚川は、現在のような開豁《かいかつ》な渓に変貌した。

山勇さんはこのときの体験として興味ある話を続けてくれた。

「嵐が来る前の日は、魚はさっぱり釣れなかったな。それに川には小さいイワナさえ見えなかったな。イワナはそういうの知るのは早いし、川もドロッぽく濁ると大水の前ぶれだ。だけど三年も大水出なけりゃ、イワナはまた増えるけん。それにしてもあの水さえなかったら、雑魚川は山も川も、イワナも天国だったたな」

現在では「イワナが雑魚のように釣れた」と語られる雑魚川にも、長い歴史の変遷がある。そのことを知る数少ないひとり、また職漁師として川に接していた山勇さんには、ことのほか懐かしい思い出があるようだ。長い山暮らしの話を、朴訥に、かつ明確に語る山勇さんである。

糸をプッッと切った三尺もあるでけえ奴

群馬県と長野県との境をなす赤石山（二一〇九メートル）や大高山（二〇七九メートル）と岩菅山（二二九五メートル）に囲まれた魚野川の源流部は、今なお高くて遠く険しい溪である。ひと頃は奥利根源流部とともに、関東周辺では数少ない未開の溪といわれていた。

人の訪れもまれな時代に、山勇さんはすでにこの川の源流部に濃密な足跡を残していた。先に触れたように雑魚川上流部の釣り場を持つ山勇さんは、小雑魚川の畔りに中小屋を構えていた。その中小屋が魚野川に入る場合、実に都合がいい位置にあった。小屋近くの福井川（雑魚川支流）を詰めると、岩菅山の肩（通称ノッキリ、ノッキリとは乗り切る意味）に出て、さらに今度は尾根を越えた庄九郎沢をくだると、魚野川の源流部へ到達することができた。しかし、このルートは今もって経験者の案内なしでは難しくハードなものだ。

当時の魚野川の場合、庄九郎沢よりもさらに下流の黒沢付近までは、秋山郷の職漁師が入っていたが、山勇さんの釣る源流部は六合村の猟師で流し鉤（置き鉤）の得意な山口某氏とその人の知り合いがひとり、さらに山勇さんの先輩、黒岩氏が時々出か

昭和 51 年に改修した高森家管理の清水小屋。幾多の職漁師が活躍した同小屋も、３年ほど前に撤去し、長い歴史に幕を閉じた（平成 23 年撮影、上）。愛用の３貫目入り、奥志賀ビク（ネマガリダケ製）は、弟、邦男さんが中小屋で作ったもの。同氏もセミプロとして活躍した（左）

山勇さんの毛鉤、数個の毛鉤が彼の人生を変えた。明治からの伝承毛鉤である

ける程度だった。なお、山口氏は奥仙沢の畔りに草小屋を持ち、草津方面にイワナを出していた。

先に述べたキティ台風で雑魚川は荒れたが、この魚野川はびくともしなかった。それは伐採の有無は別にして、雑魚川が比較的穏やかな平川なのに対し、魚野川は岩とドブ（当地で淵のこと）で形成され、「水が出るのも早いが引くのも早い」タイプの川だったからだ。したがってこの渓相の特徴はそのまま釣りに表われた。雑魚川に比べて釣りやすい上に、イワナは大型ばかりだった。

山勇さんの魚野川の話に耳を傾けるとき、いつもグッと身をのり出してしまうのが、「大イワナ」の話である。

「黒沢の奥の淵（魚止めか否かは不明）には何年もでけえのがいたなァ。そこから上は伏流で行ったことなかったけん。そこはイワナがよく集まる所で大岩の下から湧くように水が出ていたもんだ。

そいつはいつもそん中に入《へ》ぇったり出たりしただが、何せそいつが岩ん中入ぇると、小せえの（といっても尺前後）がゾロゾロ、ゾロゾロ出てくんだ。四十～五十匹はいたな。でけえのが外へ出ると今度は小せえのが岩ん中、入ぇるだな。やはりゾロゾロと。見てるとこれの繰り返しさ。二～三度鉤についた（喰いついた）がだめだったな。一発で切られたもんだ。あの黒くてでけえ奴は黒沢の主だったな。長さかね？　三尺近くはあったんと違うか。よく肥えた奴だったけん」

また庄九郎沢出合下の狭い淵で切られた大イワナは、一メートルぐらいはありそうな化け物（？）だったとか。

「こいつは餌が足らず、タラ（干ダラ）のように痩せてたな。山口さんがここにはえらいのがいるといってたが、ホント、俺が見たイワナの中では一番でかかったけん、だけど一発でプッツよ」

ただ、「毎日の漁では上がる（釣れる）ものは上げるが、上がらんものはあえて」といった気持ちのために、特別大物だからといって意識してねらったことはなかった。むしろあまりに大きいものは商品価値がないため、無視することが多かった。魚野川では、尺前後の良型がそろったが、イワナの味は成長の早い雑魚川の方がまさっていた。前述の粗末な竿と仕掛けで、山勇さんは二尺以上のイワナを数多く釣っていた。

十五年後に発見されたイワナの末裔たち

魚野川での釣りは、時には日帰りもしたが、山口氏と同じように奥仙沢の畔りに小屋もかけていた。が、やがて小屋を庄九郎沢出合に移し替えていた。しかし、魚野川の場合はひと冬の雪で押し潰されることが多かった。

昭和三十年、前年にかけた小屋が押し潰されたのを見届けたのが、魚野川での釣りの最後だった。雑魚川も再び魚影を取り戻していたが、この年、山勇さんは二十年あまりの山暮らしから里へ降りたのだ。その理由は後に記すとして、彼は魚野川に素敵な忘れ物をした。

それまでの魚野川のイワナは、南沢の下流にある「魚止め滝」〈注1〉が実質上の魚止めだったが、この滝上にイワナの放流を試みたのだ。数にしておよそ三十匹。型は八寸から尺前後で、このイワナはすべて魚止めの滝の壺で釣ったものだ。

当時のことで容れ物もなく、ビクを水につけながら、手頃な淵を見つけてはなるべくオスとメスを組ませ、水源近くまで放した。このときのイワナの放流は、三年ほど後に自分で釣るのが目的で、いわゆる隠し釣り場にしようと考えたのである。ところがこの結果を見ることなく山を降りたため、その後も雑魚川で竿を振ることはあっても、再び高くて遠い魚野川へは足を踏み入れることはなかった。

山勇さんによって放たれたイワナは、その年に産卵したものもいただろう。やがて人知れず愛の営みを繰り返した魚たちは代を重ね、自らの楽園を築いていったのだ。

昭和四十五年のある日、

「魚野川の奥のとんでもない所にものすごくイワナがいる」

との報が耳に入った。実に十五年後に、かのイワナたちは人の目に触れたのだ。今、彼の手によるイワナたちの末裔は、山勇さんの息子さんなどごく限られた人たちによって大切に楽しまれている。

昭和三十年代に入ると、イワナだけを相手にしてきた職漁師の間にも、確実に変化が生まれた。児玉伝治さんのようにイワナを釣る傍ら、ニジマスの養殖を手がけた人もいた。しかし山籠もりを必要とした職漁師の評判はあまり良くなかったようだ。稼ぎがいい分、彼らの中には里に降りると賭け事に走ったり、なかには妾を置く者もいた。また山では勝手に木を切ったり燃やしたりと、何かと苦言も出たようだ。また、山猟や里で副業を持っている者ならともかく、冬の間を遊んで暮らす人は職漁生活をやめたとき、みじめな行く末となることが多く、けっして恵まれた生活ではなかった。

それでは山の猟はせず、賭け事にも無縁だった山勇さんの冬はどうかというと、彼には我々の想像もできない特技が隠されていた。昭和二十四年三月、札幌で開かれた全日本五十キロ耐久レースで七位になり、オリンピック候補にもなった名スキーヤーだったのだ。

猟師が雪山で輪カンジキならぬスキーをはくならまだしも、現役の職漁師が冬はスキー選手となると、山勇さんには失礼だがどうもピンとこない。今でこそ志賀高原といえば、誰もがスキーのメッカと答えるが、ここにスキーリフトができたのは昭和二十一年のことで、それもたった二基とのこと。

山勇さんは春から秋までイワナを釣り、冬はスキーのコーチをしていたのである。ちょうど所帯を持って長男に恵まれた頃である。職漁時代の稼ぎがほとんど飲み代に変わる生活を考え、ついに山暮らしに見切りをつけたのだ。こうして昭和三十年、スキーの実績とその知遇を縁に、蓮池の畔りに本名の山本勇三から二文字を取った、「山勇ヒュッテ」を構えたのである。

里へ降りた以降も山勇さんは自家消費分として雑魚川の釣りを続け、頼まれれば釣り人のガイド役を引き受けていた。また漁業組合の中心的な役割だけではなく、昭和四十年から十四年間にわたり、同地の山岳救助隊の隊長もつとめていた。冬山はもちろん、それこそ志賀高原の山と渓に精通した山勇さんにとって、これはまさにうってつけの仕事である。

ところで、四年前のお盆休みに奥志賀に出かけた私は、山勇ヒュッテを訪ね、夜は山勇さんの昔語りに耳を傾け、釣り好きな息子さんたちとは渓を語り合うことができた。そして「一年でも、何もこんな一番悪い日に川へ行かなくても……」と渋る山勇さんに無理を願い、私は雑魚川で竿を振る彼の姿を見る機会に恵まれた。

雑魚川沿いの奥志賀林道は、駐車スペースのないほど車が置かれ、河原は川遊びに興じる人たちであふれ返っていた。案の定、渓の状態は最悪だった。

「親父は家にいて、良い日（釣れる日）、悪い日がわかるので、だめな日はぜったい川には行かないんです」

と息子さんたちから聞いていただけに、私は山勇さんに声をかけずにはいられなかった。「山勇さん、写真を撮るだけでいいんです」と。しかし、山勇さんはひと振り二振りと様子を探った後、やや上流へ上がってから、鮮やかにイワナを抜いたのだ。あまりにも早い出来事に私はカメラを構えるどころではなく、ただ唖然とするだけだった。もちろん、山勇さんの表情には何の変化もない。

結局、午後二時からの一時間あまり。終わってみれば盛んに照りつける日差しの中で、型ぞろいのイワナをかけていた。水温を気にする言葉通りに、渓全体が「明」の中で、山勇さんは「暗」を釣っていた。つまり、このとき遊んでいる（流れに出ている）イワナは一匹もいなかったのである。

よくこの道の熟練者を評するとき、人は必ずや「竿が、あるいは毛鉤までが体の一

真夏の雑魚川。溪全体が「明」の中、山勇さんは盛んに「暗」を釣っていた

部のようだ」と表現するが、山勇さんもまた、我々では臆するような難ポイントを平気で攻めていた。たとえば普通、毛鉤釣りの場合には、小枝が張り出すようなポイントは、何度かの振り込みを続けて毛鉤を落とす目安をつけるが、山勇さんはそんなとき、一度ポイントを見ただけで、後はおもむろに一歩下がったり、あるいは一歩進んだだけで、小さな隙間に毛鉤を打ち込んでいた。無駄を省いたたった一度の振り込みは、風を切るように力強く、また、その姿は常に真剣で、不思議と雑魚川のたたずまいに溶け込んでいた。

そういえばタバコを好む山勇さんだが、一服つけるときは常に河原石にどっかりと腰をかけていた。そんなときは現在修行中の次男正君が、父の声を背に真剣に竿を振っていた。

「戸門さん、ここは夕方になると二十も三十も出る所でなあ。あの石は昔からちっとも変わらねえだ」

流れの吸い込まれる大岩はちょっとした家ほどもあるだろうか、彼にいわせればこの岩の下には二百〜三百のイワナが入っているという。唖然とする私に平然とした口調で続けた。

「そうでもなきゃ、毎日、毎日三十も四十も釣れねえやな」

実をいうと山勇さんは昨年の雑魚川だけで、三十貫目のイワナを釣っていた。数ではおよそ千二百匹になる計算。しかも驚くのは、これがあの「ミズキの木に白い花が咲く」頃から二カ月あまり、夕方一～二時間の釣りだ。かつて職漁師時代に山勇さんは百二十貫目のイワナを釣っていた。しかし、イワナとはこんなにもいるものなのだろうか。

多くの職漁師のいた雑魚川は、けっして釣り切ることのない渓だった。それは彼らが飯の種であるイワナを大切にしていたからにほかならない。

多くの渓は荒れ、釣れぬといっては小イワナまでも持ち帰る昨今である。雑魚川もしかりだが、実は釣る人は釣っていたし、イワナはちゃんといたのである。また、彼のことを「鬼の山勇」と評する人もいる。それはルール違反の釣り人には徹底して妥協は許さないからだ。無心に竿を振り続ける息子さんを見ていた私に、瀬音にかき消されそうな山勇さんの呟きが聞こえてきた。

「できれば俺の生きているうちに、もう一度あの雑っ魚を見せてやりてェ……」

ふと振り向いた私は、主《あるじ》のいる川があるとすれば、きっとこういう川をいうのだろうなと思った。

〈注一〉

魚止め滝以遠のイワナについては、昭和二十二年六合村の職漁、山崎正次、大塚政美の両氏によって放流、定着したが、同二十八年、心ない者の毒流しによって絶滅した。山勇さんの移植放流は同三十年、このことに憂い、再度の釣り場復活を夢見たものだった。朗報は、熊の湯にある「幸の湯」の主人。魚止め滝で納竿し、流れを詰めての帰途、各所にてイワナの群泳を目撃した。同四十五年のことである。なお奥志賀をはじめとした同山域の職漁師の詳細については、拙著『職漁師伝』(農山漁村文化協会刊)をご覧いただきたい。

〈文庫版付記〉

現在の雑魚川は、原種イワナの永久保存河川として有名だ。そのため放流は行なわず、多くの支流を禁漁にして、在来のイワナを保護・育成している。「山勇ヒュッテ」は、勇一氏によって「ポイントホープやまゆう」として営業中。同氏は漁協役員の上、毛鉤釣りの名手、入漁券も扱っている。文中の清水小屋は、三年ほど前に解体、撤去し、百有余年に及ぶ長い歴史に幕を閉じた。

やまめ床二代

信玄の隠し湯として知られる下部《しもべ》温泉は、山梨県は富士川の支流、常葉《ときわ》川から分かれた下部川沿いにある古い湯治場である。いまだローカル色豊かな身延線の下部駅から、素朴な湯宿の並ぶ坂道をのぼると、小さな駐在所と消防小屋に並んだ床屋さんがある。入口のガラス戸に、大きな文字で書かれた「やまめ床」の店構えは、残念ながら五年前の改築でなくなってしまったが、ここが「甲州にその人あり」と知られたヤマメ釣りの名人、依田喜史《よだよしふみ》さんの家である。

依田さんが県内はもとより他県まで、本名よりも「やまめ床」の名で知られるのは、この店の名づけ親が作家の井伏鱒二さんだからである。著名な井伏氏の『川釣り』をはじめ、甲州のヤマメ釣りの話には、しばしば名人、「やまめ床」の名前が登場する。その名前の由来とともに、お二人の間にはこんなエピソードがある。

下部の街に生まれ育った依田さんは、部屋の窓から竿を出し、糸を垂れればハヤはもちろんヤマメも釣れる環境に育ち、ヤマメ釣りは七歳の頃から覚えたという。

一方、井伏さんがはじめて下部の湯を訪れたのは、昭和三〜四年頃のこと。はじめは一週間ほどの滞在だったが、このときに井伏さんは、退屈しのぎにワラジや化粧品を扱っていた小さな雑貨店で安いハヤ竿を買って、宿前を流れる下部川でアブラハヤを釣ったのが、ここでの釣りのはじまりだった。以来、小説等の執筆で下部の湯宿に長期滞在し、暇を見つけては下部川のヤマメ釣りを楽しんでいた。

さて、そんな頃に井伏さんが知り合ったのが温泉一の釣り好きな床屋、依田理髪店の主人、若き日の依田さんだったのだ。ちなみに依田さんは大正二年生まれ。井伏さんは明治三十一年生まれ。もちろん井伏さんの方が年齢も釣りの方も先輩になる。

当初、二人の釣りは、依田さんが一匹釣る間に、井伏さんは五匹釣るほどの腕前で、釣りの腕にはかなりの差があったらしい。環境には恵まれていた依田さんだが、釣りの方はまったくの自己流だったのだ。その依田さんに対して井伏さんは、仕事柄各地を旅する機会も多く、出かけた先々の名人上手に教えも受けていた。その井伏さんが依田さんに、

「おい、キシ（依田さんの愛称）よ、竿に魚信《あたり》があってからではもう遅いんだ。糸フケや目印の羽根の動きで、素早く合わせなければ……」

「おまえさんのどこがいけないか。糸にオモリがあるからなんだ。ぼくのにはついてないだろ、オモリの音でヤマメは逃げるんだよ。静かにしている分には、いくら竿を

名づけ親の井伏鱒二さんを迎える依田さん（店先で。昭和 30 年代後半）

振っても大丈夫なもんだが……」

　こうして、井伏さんからヤマメ釣りの手ほどきを受けた依田さんは、地の利と幼少の頃から培ってきた釣り勘を生かし、腕はメキメキと上達。そのうち井伏さんが三匹釣る間に、今度は十二匹も釣る腕前になっていた。かくして名人の域に達した依田さんに、井伏さんが尊敬の念を込めて贈ったのが、依田理髪店改め、「やまめ床」の名であった。以後、井伏さんは「やまめ床」の依田さんをヤマメ釣りの師と仰ぎ、依田さんもおごることなく、ヤマメ釣りの真髄は井伏先生から教えていただいたと、肝に銘じている。

　私がはじめて依田さんと会ったのは、もう二十年近く前の昭和四十六年七月のことだった。すでに「やまめ床」の名前は井伏さんの作品を読んで知っていたが、実際会ってみたいと思ったのは、ある釣り雑誌に依田さんが登場していたのがきっかけだった。その中でとくに目を引いたのが、下部川のヤマメ（厳密にはアマゴだが、当時の山梨県の釣り人の多くはとくに両者を区別することなく、強いていえば赤い点のあるヤマメとそうでないヤマメぐらいの表現だった）を、一シーズンに二十貫目（約七十五キロ）以上も釣る……、という話であった。

　しかし、一介の若僧が、大胆にもそんな名人に会いたくて下部へ足を運ぼうと思っのか、それともそれほどまでにヤマメが釣れるという下部川に魅力を感じたものなのか、今となっては記憶も定かではない。ただ、「やまめ床」の門ならぬドアを叩いたのは、下部川と同じ峡南の渓である早川の上流、野呂川へ二泊三日の釣り旅へ出かけた最終日のことだった。

「ハイッ、いらっしゃい」

恐る恐るドアを開けたときに中から聞こえてきたのは、もちろん依田さんの声。

「この人がやまめ床か……」とこちらが思う間もなくニコニコ顔の依田さん、

「さっ、どうぞ」

と私を招き入れるが、依田さんが指差したのは、散髪台である。営業中の上、また見も知らぬ来客のことだから、これは当然といえば当然の話。しかし、まだ二十歳前だった私は、なぜか本意をいい出しそびれてしまったのだ。気がつけば勧められる(?)ままに、散髪台の人となっていた次第。

「お客さん、どちらへお泊まりですか。下部ははじめてですか」

緊張を解くかのように世間話をする依田さんが、私が下部川にヤマメを釣りに、しかも「やまめ床」を訪ねてきたと知ると、

「そうか、そうか、ヤマメを釣りに……」

とさらに表情を崩し、時には手を休めて釣り方から下部川のこと、さらには井伏さんのことなども実に楽しそうに話してくれた。とくに顔を剃られているときは、こちらが返事をしたくともかなわぬ私を知ってか知らずか、

「近頃の野呂（川）はどうだね、車道工事が入って（南アルプススーパー林道のことで、当時は北沢出合付近まで進行中）、すっかり荒れたと聞いとるが……」

「前は西山あたり（西山温泉のことで早川の本流の意味）にゃ、竿をへし折るようなこんなヤマメがいたもんだ」

と話し出す始末。私は顔を剃られている手前、遅れがちな返事をしたり、依田さんのずいぶんと開いた両手の幅を、横目だけで確かめたりしたものだ。その依田さんの一番の大物は、下部川の湯の奥（集落名）で釣った尺四寸五分（およそ四十五センチ）で、昭和十三年のこと。このヤマメはさすがの依田さんも魚拓に残しておいたが、その後、下部川が氾濫したときに家財道具とともに流失。以降は時々、こいつはでかいと思うヤマメを釣っても、結局それを上回る大物にはついに出会えず、以来魚拓はとったことがないという。尺五寸近い大ヤマメを釣り上げたときは、さしもの五本継ぎ、二間半の愛竿も魚をずり上げた瞬間、穂先からポッキリと折れてしまったそうだ。

井伏さんの著作『川釣り』の一節「雨河内川《あまごうち》」の中には、大物の釣りに対して「私

の胸は、ゴットン、ゴットン……動悸を打つ。次の餌を鉤にさすにも、興奮のために手が震えてゐる。だから岩に両肘を托しかけて餌をさす」という描写があるが、さすがの依田さんもこのときばかりは興奮で手が震え、足はガクガクしたそうだ。

頑丈なマス鉤と腰の入った強い調子の竿を愛用

さて散髪を終えた私は、娘さんの入れてくれたお茶を飲みながら、遊びに来ていた依田さんの釣り仲間「佐野屋のおっちゃん」こと佐野屋のご主人（故人）とともに、楽しい釣り談議の仲間入りをさせてもらった。

このときの話でとくに印象深かったのが、依田さんの釣り方であった。それは超大物は別として、尺ヤマメぐらいのものは、すべてゴボー抜きにするというもの。理由はいたって簡単、遊ばせて場を荒らさないこともあるが、何よりも水面から抜き上げる瞬間と、竿を通して五体に残る重量感、これがたまらないからだという。

この釣り方は、一見、荒々しくもあるが、自分の竿や仕掛けに対する長年の信頼感と魚を抜き上げる瞬時の「間」、これを会得した者でなければ難しい。依田さんの仕掛けは、普通は道糸一厘（一号）、ハリスが八毛（〇・八号）。依田さんは、仕掛けの太い細いはあまり気にしないそうだが、むしろゴボー抜きに耐える鉤、こちらの方に気を遣っている。つまりアユカケ鉤とかヤマメ鉤では、抜き上げるときに欠ける恐れがあるため、もっぱら頑丈なマス鉤を愛用するとともに、竿も腰の入った強い調子のものが好きだという。

「朝のうちなら一緒できたがなァ。本当は日の出る前と夕方、これがいいんだが。まあ、家の裏でもヤマメはおるし、雨河内(下部川の支流)の奥ならイワナ。この川は澄み川なんで、餌は川虫が一番。撫《な》で虫(カメチョロのこと)なら家の裏の石を撫でればいくらでも採れるし……。まあ、今日はこの辺でもやってごらんなさい」

依田さんの激励を受けて、私は佐野屋さんの案内で温泉裏の下部川へ降り、手頃な石を返してはチョロ虫を採った。が、当時はタオルやヘチマを用いてチョロ虫を採る方法など知らず、また川虫採りの網も持ち合わせていなかったので、手頃な石を引っくり返して虫を採っていた。ところがこれを見かねた佐野屋さん、

「そんじゃァ、まだるっこいなァ、あんた、タオルは持っとるか?」

というなり、ズボンをまくって川に入り、流れから頭を出している大岩を、水の中からタオルで掃《ふ》き上げるようにして、アッという間に充分すぎるほどのチョロ虫を採ってくれた。おかげでこのチョロ虫を餌に早速竿を出せたのだが、今度は佐野屋さんの釣り場解説がはじまり、

「あそこはいつも出る所！」

「こっちはそこを流せ、ダメかなァ、今日は……」

ご親切はありがたいのだが、いつの間にやらこちらのペースはすっかり狂ってしまい、普段の半分（?）も自分の力が出せない有り様になったのだ。しかも聞けば佐野屋さんは、名人の高弟というではないか。その後、ようやく来た「コツン！」の魚信にうまくタイミングが合い、ホッとしたのもつかの間、ヤマメとばかり思っていた相手は、なんと六寸ぐらいのニジマスだったのだ。

ちょうどそのとき、川沿いの窓から顔を出した依田名人も、高弟に何かいっているような気がしたが、佐野屋さんの笑いながら横に手を振る仕草を見て、私はこれを潮時とばかり竿をたたむことにした。

この後、一人になって本来の釣りをしようと思い、温泉を出はずれた上流で幸いにも六寸前後のヤマメを五匹釣り上げることができた。帰りしな、依田さんに声をかければ、笑いながらビクの底にいたヤマメを覗くなり、ニコッと笑って、

「また出かけてくださいナ。今度はいいとこ案内できるでしょうから……」

といって、突然の来訪者をやさしく見送ってくれた。

私は、下部川を後にした。常葉川と分かれた九十九折れをのぼりつめると、眼下に

は本栖湖《もとす》が広がり、西日を受けた雄大な富士が見えた。樹海脇の道は所々未舗装の悪路、今にして思えばオートバイの明かりだけが頼りの、本当に懐かしい心に残る旅だった。

釣りを研究し、楽しんだ名人

今年七十六歳になる依田さんは、健康をそこねて川から離れているものの、下部川のヤマメ釣りのみならず、峡南地方の渓や富士川筋のアユ釣り等の今昔を語るには、彼をおいてほかになし……、といわれるほどの人物である。また幼少の頃からヤマメ釣りを覚えたというキャリアとともに、当地の漁協の下部支部長も長年つとめた上に井伏さんとの親交をはじめとして、各方面に及ぶ著名人との交際も広い。

しかしあまり知られていないのが、「やまめ床」の本業の方だろう。切り傷、打ち身、骨折等に効用のある下部の湯に逗留する人にはスポーツ界の人が目立ち、なかでも相撲の力士とかプロ野球選手たちが多い。

あるとき、「やまめ床」さん宛のぶ厚い色紙の束や写真を見せていただいたことがあるが、この中には国鉄スワローズ時代の金田投手をはじめオールドファンには懐かしい清国、長谷川、栃勇といった関取衆のものもあった。彼らとのつき合いは、散髪やチョンマゲを結ったりしたのがそもそもの縁という。片田舎の床屋さんでありながら、依田さんの結う髷《まげ》は大変評判が良かったそうだ。役者や力士の髪を結う人を、俗に「床山」と呼ぶが、依田さんは「やまめ床」のやまめの方もむろん名人なら、文字通りの床屋さんの腕も折り紙つきだったのだ。

しかももうひとつ別の特技を紹介すると、今でこそ甲州は信玄ブームに沸いてはいるが、かつての武田信玄の下部ロケや下部の湯祭りには、得意の横笛吹きで特別出演したというほどの腕前で、こちらの芸の方も超一流だったのだ。

依田さんの世間評は、気に入らない客だと、フンフンうなずきながらもこれ幸い（?）とばかり、頭を坊主に刈ってしまうジョークとも本音ともつかぬ一面もあれば、ヤマメ釣りで依田さんの門戸を叩く者があれば、快く歓迎した。実際に私のときも鉤の結び方から餌のつけ方、さらには釣り方に至るまで、手に手を取って教えてくれた、実に面倒見のいいオヤジさんの印象もある。「やまめ床」の名があながち「下部一のヤマメ釣り」にとどまらず、遠く他県の釣り人の耳にも届いたのは、案外そんな人柄の表われかもしれない。

その証拠に、依田さんの愛用する釣り道具を見れば一目瞭然。数々の竿の袋には「東京○○区」、あるいは「□□県△△市」、「贈、やまめ床さんへ、××より」と記されたものがあり、いずれも贈り主が心を込めたお礼の品ばかりだ。これは竿に限らずビクから小物類に至るまで、それこそ全国の釣友からのプレゼントでもあるという。

さらにこれは有名な話だが、井伏さんが下部へやってくると、まずは「やまめ床」に声をかけ、散髪台にのってともに渓を語り合うのが常だった。また、釣りに出れば出たで、依田さんのリュックの中には、とびきり上等の地酒や塩焼きなどが収められていた。釣れれば釣れたで飲むし、また釣れなくても飲む。そして河原でゴロリ。二人の釣りは、いつもこんな酩調子の渓巡りであった。また仲間と出かけるときもヤマメが釣れれば石焼きに塩焼き。アユ釣りのときは、酢を入れた竹筒を腰に持ち歩き、手頃なアユが釣れれば酢じめでガブリ、そしてグビリ。仲間を集めた「やまめ床」の手になる「河原天ぷら」は、実に好評だったという。

そんな依田さんのエピソードを語ってくれたのは、井伏さんが下部へやって来ると、必ず泊まったという源泉館につとめる伊藤さんであった。彼もまた数多い「やまめ床」の門下生のひとりである。その伊藤さんによれば、

「親爺さんにはよく釣れてってもらったなァ。あの人は厳しいというよりも、実に面倒見のいい人だったから、やまめ床にはいろんな人が来たもんだ。実際、下部（温泉）一の名物だったし、釣りの話ならお客さんをすっぽといて（散髪台の上に）もしてたな

ア。仕事前にはしょっちゅう釣りに行ってたし、ヤマメにしてもアユにしても、そりゃ、うまいもんでした」

釣り方とともに豪放磊落な依田さんだが、温泉地のために宴会用にと前夜に旅館からヤマメの依頼を受ければ、翌朝の釣りで五十から百匹近い型ぞろいを、きちんと釣ってきた。が、依田さんの自慢は、そんな仕事に対しても一度も報酬をもらったことがないことだ。

このような話を聞いていると、本業は床屋であって、釣りの方はあくまでも趣味……といった姿が浮かんでくるが、プロ級の横笛吹きとともに、依田さんはその遊びにも目いっぱい、努力を重ね、楽しんだようだ。彼の哲学には、我々も学ぶべきものが多い。

さて、依田さんが「子供が生まれてからは、赤ん坊を背負って釣りに行き、ヤマメの食いが立てば今度は傍らの岩に赤ん坊を縛り、それこそ夢中で釣ったもんです」

という赤ん坊はやがて成長し、

「オヤジの岡持ち（ビク持ちのことで、当地の呼称）で、よく川へ行ったもんです。オヤジの釣り方はご存じのように、合わせた途端に引っこ抜くんですが、あるとき、こんなことがありました」

甲州にその人ありといわれた、往年の「やまめ床」の店構えとご夫婦

やまめ床二代の釣り姿。初代の雄姿（上）
はもう見ることができない

と私に話してくれたのは、現在、家業を継いでいる息子さんの啓史《ひろし》さん（三十九歳）である。ビク持ち時代の懐かしい思い出というのは、こうであった。

「オヤジはゴボー抜きというんですか、とにかくかけた魚はみんな引っこ抜くんですが、たまたまオヤジの脇の岩にのって見ていたんです。そしたら突然、でかいヤマメが飛んできたんです。もちろん私の顔目がけてオヤジの釣った奴が。これには思わず驚いてヤマメをよけたところ、私はアッという間もなく岩からころげ落ち、岩の角で顔は打つわ、腕は打つわで、全身、血だらけになったんです」

このときは、さすがの「やまめ床」さんも驚いて、急拠釣りを中止。あわてて家に飛んで帰ったそうだ。

ところが地元の高校時代まで父に習い、時にはひとりで竿をかついで下部川のヤマメを釣った啓史さんは、その後、甲府の理容学校へ進み、東京での修業時代を送ることになったのだが、東京生活に慣れると、しばしふるさとの山や川も忘れたときがあった。この頃、啓史さんは家業を継ぐことに大変悩んだそうだ。しかし、結局、上京した父の説得に折れて、家業を継ぐ決心を胸に下部の街に帰ってきたのだ。

こうして再び啓史さんのヤマメ釣りが復活したが、それは本当の意味で「やまめ床」二代目誕生の時だった。

啓史さんも、若き日の父と同じように、ひと頃はヤマメ釣りに夢中となるあまり、店のはじまるまでの数時間は、それこそ夜明けから裏を流れる下部川に日参したり、アユの解禁を迎えれば、毎日のように常葉川や早川へ出かけたそうだ。

「やはり啓史さんも、ゴボー抜きですか」

と伺うと、

「いやいや、とてもオヤジのようには……。小さい奴ならともかく、大物はねェ」

と話してくれた。その彼が笑いながら一枚の魚拓を持ち出し見せてくれた。

『やまめ　三十二センチ　下部川　釣り人　依田啓史』

このヤマメは近頃にない大物とのこと。最近の下部川は、いずこの川と同じように攻め手（釣り人）が多く、なかなかヤマメも大きく育つ暇がないそうだ。

「ぼくが子供の頃は、こんくらいのヤマメなんか、ちっとも珍しくなかったんですがねェ……」

という啓史さんも、近頃は先年の理容コンクール上位入賞を果たしてからは、

「なかなか忙しくって、最近はヤマメもアユも、行けそうで行けないんですヨ」

とこぼしていた。私は親子二代の手になる散髪台の上で、鏡に映る啓史さんを見ていたが、どうやら彼もまた、父と同じようにヤマメ釣りの腕も本業の方も「やまめ

床」の看板を受け継ぐに、ふさわしい腕前に達したに違いないと思った。

啓史さんを訪ねた翌日の未明、ひとつ、二つと明かりのつきはじめた温泉街を、彼と共に歩いた。建ち並ぶ湯宿を割って流れる下部川は、まだ目覚めていないようだ。歩くたびに彼の腰ビクが揺れている。アメ色の甲州ビクに取りつけられた当て板には、確か「下部温泉　やまめ床　依田喜史」と書かれているはずだ。

温泉を出はずれ、坂道をのぼりつめる頃には周囲も明るくなっていた。過ぎし日、父が修行を積んだ渓で、「やまめ床」二代目は、どんな釣りを見せてくれるだろうか……。

●追記

この原稿を起こすにあたり、下部温泉の「やまめ床」さんを訪ねたのは、一昨年の四月の初旬、下部川に桜の香りが漂うときだった。その折、初代「やまめ床」の依田喜史さんは、健康をそこね、峡南の病院で入院生活を送られていたが、その後、ご家族の看病もむなしく、昨年の一月十七日気管支炎を悪化させ、ついに帰らぬ人となった。享年、七十九歳。思えば筆者の釣り旅の中でも、とくにはじめの頃に出会ってお世話になった方だけに、その思いはことのほか、深いものがある。ここに生前のご恩に対し、心より氏のご冥福を祈る次第である。

なお、掲載の写真については啓史さんの釣り姿のものは筆者が、ほかのものについては依田さんのご厚意により借用、掲載させていただいた。


〈文庫版付記〉

二代目やまめ床さんは、今なお本業とともにアユ釣り、ヤマメ釣りに活躍中。日釣券を扱っているため下部川釣行の際には、ぜひ寄ってアドバイスもいただくと良いだろう。

妙高の山に生きる

日本海に近い妙高連峰の麓に、両善寺という小さな村がある。ここは新潟県新井市だが、二〇〇〇メートル級の妙高や火打、さらには焼山から派生する山々を背に、冬には三~四メートルの積雪を見る土地である。

ここに近在の人から「ごんねむサ」、あるいは「ごんねんサ」と親しまれ、この山域をわが庭のごとく歩き、今日なお山の恵みに深く関わって暮らす男がいる。その「ごんねんサ」なる愛称の語源は不明だが、いうならば屋号のようなものという。本名は丸山正由さん、昭和八年生まれの五十四歳だ。ところが地元で彼の本名を呼ぶ人はほとんどいない。

「俺らの親父が権十郎、じいちゃんが清吉、先祖に権右衛門っていう人がいたと聞くが、これが訛ってゴンネムサになっただか……。いずれにしても家は代々こう呼ばれているんです」

そのごんねんサさんこと丸山さんに、縁あって会うことのできた私は、彼の家を訪ねてまず二つのことに驚いた。ひとつは七月も半ばというのに、まだ庭先の莚《むしろ》の上には、採って間もないゼンマイが干してあったのだ。思わず高くて遠い山の稜線に目を向けると、見上げる火打山（二四六二メートル）の陰には、初夏の残雪が見えるではないか。おそらくこのゼンマイは、丸山さんに伺うまでもなくかなりの奥山で採ったものに違いない。

そしてもうひとつは、丸山さんの体つきであった。山人特有の精悍さはもちろん、二の腕から肩にかけた線が、鋼のように太くてたくましいのだ。しかもそんな体つきとは裏腹に、山を語るときの目は実にやさしい。当初、同地出身の友人からごんねんサさんのことを聞いていた私は、まずその友人から、

「ごんねんサさんという人は、イワナ釣りはもちろん、山菜とかキノコを採るのにも、まず普通の人がそろそろ帰ろうか、というあたりからはじめる人なんだ。だからあの人は何だって採ってくる量が桁外れだし、ひとりでどこまでだって行っちゃうんだ……。あの人なら山のことで知らないものはないし、第一、腕っ節も凄ければ、まるでケモノのような人なんだ。俺の村にも山とか川の好きな人はいっぱいいるが、あの人の真似をできる人はいねぇなア、だけどそんな人ぐらいだから会ってくれるかどうか……」

どうやらこの話から、ごんねんサさんという方をまるでクマ（？）のような人と想

やさしい眼差しで山を語る「ごんねんサ」こと丸山正由さん（左）。妙高の白眉、矢代川を釣る。終始穏やかな彼だが、イワナをかけるその一瞬だけが「狩人」の目であった（下）

像していたが、これはとんだ思い違いであった。私の目の前の彼は終始微笑み、時に慈愛に満ちた眼差しで山と渓を語ってくれるではないか。私は友人から聞いていた話が話だけに、そんな彼の目がとても気になった。はたして里にいるときは獅子の眠りのごとく安息のひとときを過ごしているのだろうか、それなら山に入ったときは、いったいどんな所作となるのだろう。

「おまんたら（同地であんた方の意）、街の人にいってもわからんだろうが、雪の多い年なら八月でもゼンマイやタケノコ（ネマガリダケ）が採れる所があるんだ。もっともそんな所まで入るのは村でも俺ひとりだが……。昔は七十キロの上、タケノコ背負って帰ってきたもんだが、今はせいぜい五十キロってとこかナ。そこまで行けばいくらでもあるが、人間ひとりで背負える量なんて知れたもんだし……。

イワナかね？　俺ァ、中途半端がきらいでタケノコ採りが終わると、今度はイワナ釣りになるわけだ。だいたい梅雨明けからはじまって九月のキノコまで、夏場のイワナが一番おもしろいですナ、もっぱら毛鉤専門だ」

実をいうと丸山さんの本業は農業だが、田んぼや畑仕事の合い間の山行を紹介すると、冬の猟（鉄砲）と夏の漁（イワナ釣り）を中心に、春は山菜で秋がキノコ、また夏から秋のイワナ釣りの合い間には、炭も焼くし、驚いたことにマムシも捕まえる。

さらにその内訳をもう少し説明すると、十一月十五日から二月十五日までの狩猟期間は主にキジやヤマドリ、さらにタヌキ、キツネ、テンを獲り、二月二十日からの一カ月は有害駆除としてウサギを獲る。四月二十日頃からは、同じく有害駆除としてクマも撃つ。私が伺った年も四頭のクマを獲ったが、今は捕獲頭数も決まっており、以前のように深い山に泊まってまで獲ることはなくなった。

職漁の祖父に学んだ釣り

さて雪解けとともに迎えるのが山菜採りの季節だが、丸山さんはポピュラーなタラの芽やワラビ、ヤマウド等はほとんど自家消費分とし、本腰を入れて採るのがゼンマイとタケノコ、この二つだけである。前述のように根雪の残る深い山に入れば、八月でも採れるが、ひとりで背負って帰れる量が限られるため、近年は七月いっぱいであきらめている。車を運転しないため、もっぱらバイクと自分の足だけが頼りだが、丸山さんの強靭な体つきには、実はこんなところにその秘密が隠されていそうだ。つい先日も、「あそこの山（大毛無山）から五十キロあまりのタケノコを背負ってきた」というが、指差す方を見れば、なんとその山は雲の彼方に見える山ではないか。

イワナ釣りを梅雨明けとする意図には、こんな山菜採りとの兼ね合いもあったのだ。

しかし、源流を好み、毛鉤一辺倒でイワナを釣る丸山さんにとっては、偶然（?）にもこの季節が好期到来であった。

「水が太いうちは、イワナもようつかん（よくかからない）し、ドブ（淵）を釣ったんでは手間もかかるでナ」

プロは無駄を省く、あるいは無駄を省くからこそプロたるゆえんなのか。私はその言葉に軽快に岩を飛び、毛鉤を打ち、イワナを抜く、そんな姿を思い浮かべずにはいられなかった。

イワナ釣りも終期を迎えると今度はキノコがはじまる。マイタケやシメジ類にはじまり、霜や雪の降る頃のナメコやムキタケ等々と、ここでも丸山さんは奥山のものを好む。

「オラの父ちゃん、山のこととなると、なんぼかいいんだなァ、新聞に出たこともあんだよ」

と傍らの奥さんが、照れくさそうに差し出してくれた新聞の切り抜きは、三年前の地元紙であった。その内容をすべて紹介できないのが残念だが、それは丸山さんのマムシ捕りと養殖に挑戦する記事だった。

——新井市両善寺の農業、丸山正由さんら六人のグループが、県内ではまだ珍しいマムシの養殖に取り組んでいる。丸山さん方の敷地内に作ったコンクリートブロックの囲いには、あの銭形模様のマムシがニョロニョロと約五十匹……（略）――

このマムシはもちろん捕まえてきたものと、その親から生れたものだ。ところが、マムシの養殖も実際に手がけてみると、雪国のための越冬設備と春先の子マムシの餌づけ、この二点がとくに難しく、今後の課題である。なお冒頭の六名については、すべて山仲間とのことで、肝心のマムシは釣りの折々に捕まえることもあるが、日並みによってはマムシだけを捕りに行くこともある。実際、我々と一緒に川へ入ったときも、チョコンとかがみ込んだと思ったら、もう一匹のマムシを摑まえていた。とにかく丸山さんの動作は素早い。夏から秋にかけ、七十四あまりのマムシを捕まえる。

また村では現在、丸山さんを含めて二人になったが炭も焼く。ひと釜六俵（一俵は十五キロ）の仕上がりで、夏から秋にかけ百から百五十俵分を生産。炭焼きは三十年の経験で、鉄砲も三十年。イワナ釣りは、ほぼ四十年になる。

イワナ釣りは、祖父の清吉さんが大好きで、また名人であった。清吉さんは釣ったイワナを関温泉の「笹屋」専門に卸していたというから、明治から昭和にかけた職漁師でもあったのだ。丸山さんはこの清吉さんからイワナ釣りの手ほどきを受けていた。亡き父、権十郎さんもイワナ釣りをたしなんだが、父はどちらかというとイワナよりもむしろ山の猟に長《た》けていた。意外なことに、いずれも餌釣りの経験がないというから、代々ごんねんサさんの家では、イワナも獣や山菜と同じ、季節が贈る山の恵みととらえていたようだ。

出のイワナだけを釣る

「じゃ、ボツボツ水もぬくくなったで、出かけるか……」

古式ゆかしいグラス竿、その蛇口に結ぶ糸は、ナイロンの三号をおよそ一ヒロ弱。

「ここらでは今の時分、黒がいいでナ。秋になると、ホレッ、この黒と白のマダラ。これによくつくダ」

毛鉤を結ぶとき、照れくさそうにメガネをかけたごんねんサさんだが、傍らの奥さんも笑みを浮かべてそんなご主人の仕草を見守っていた。

さて、舞台はすぐ近くの矢代川。本来、源流を好み、竿を出したら魚止めまで釣るが、今日は我々の足を考えて中流域。河原へ降り立つや、先ほどの仕掛けを取り替えるでもなく、いきなり竿を振り出した。はた目にもこの川ではちょっと短いなと思っていると、早くも返す竿がしなり、八寸近いイワナが宙に舞った。

「見たか？」

渓へ向かう。ここは冬には3〜4ｍの雪に埋まる。両善寺の村にて

「見た！」

二人の目線はこれで充分だった。一瞬、駆け寄りたい衝動にかられたが、私はそのままリズムにのるのを待った。淵尻、瀬尻、瀬脇、岩陰、または白泡脇の小場所等、まだ探りを入れているのだろう。やがてゆるめの瀬尻と深みのある岩陰にポイントを絞ったとき、数匹のイワナがパタパタと彼の手中に飛び込んだ。

「いい型が出ましたネ」

「イヤイヤ、このあたりは魚が少なくてなァ。ここんところ毎日、夕立ち来よるもんで、イワナも散っているわな。まだこれで少し早いようだ。くっつかんイワナもいくつかいたで」

腰ビクに目をやれば、いずれも腹の白いさっぱりとしたイワナ。一見、当たり前のようだが、これは「出《で》のイワナだけを釣った」証しである。出のイワナはよく活動しているため、食べて美味しい。本来、プロはこの手のイワナを商品価値の最上に置く。しばしさていよいよこれからというときに折からの雨雲が広がり、ついに雨になった。しばし様子を窺うが、奥山に雪を残す矢代川はアッという間もなく濁ってしまった。

翌朝、再び彼の後ろについた。夜半まで残った雨のせいで、矢代川はやはり若干の濁りを呈していた。

「今日は奥の澄川へ行きますか。あそこなら……」

といいかけた丸山さんに、私は再び昨日と同じコースを願ってみた。「ひと濁り入れば川は新規になる」という言葉を、彼の技で確かめたかったのだ。

朝靄の立ち込める中、丸山さんは昨日とまったく同じ振る舞いで、竿を振っていた。そしてとくに感心したのは、ことのほか釣った魚を大切にしている点である。普通、魚が釣れれば釣れたで、我々はつい釣りの方が忙しくなる。が、丸山さんは数匹のイワナを得るや竿を置き、沢筋に繁るオオイタドリの葉をちぎってイワナを包み、特大のビクの中に納めていた。丸山さんによれば、当地ではこのような葉っぱをトトガラと呼ぶとのことだが、カラ（殻）とは中身を包み込む皮という意味があるから、この場合、「魚殻《トトガラ》」という字が当てはまるのかもしれない。そんなときにはまるで大切な宝物でも扱うような仕草になるが、少しでも魚を傷めない工夫は、まさに源流を好む丸山さんならではの知恵といえそうだ。彼の手元に飛び込んだイワナの数は、確実に昨日を上回る。

軽快に岩を飛び、渓を歩く姿には、まさに「わが庭を歩く」感が漂っている。丸山さんは竿を構えているときも、ときに微笑み、またあるときは首をかしげ、イワナを握るときは何ともいえないやさしい表情になっていた。その姿をカメラ越しに覗くと、そこにはあたりの風物と同化した、丸山さんこと、名手ごんねんサさんの姿があったのだ。

そして唯一つけ加えるなら、イワナをかける瞬間、その一瞬だけが「狩人」の目になった。

〈文庫版付記〉

数年前まで当山溪にて活躍した丸山さんだが、現在はご高齢のため第一線を退いた。同氏の仲間たちも同様、山の幸、溪の幸を求めて奥山に入る人は少なくなった。

伝承毛鉤とケンカ釣り

昨今、和式毛鉤の一本釣りを、テンカラと呼ぶ人が多い。テンカラの語源は、今のところ諸説紛々で、いずれも憶測を出ぬ域ではあるが、その言葉の出処は、長野県の木曽地方に伝わる素朴な毛鉤釣り……であることはよく知られている。

日本古来の毛鉤釣り……、すなわちただ単に、毛鉤釣りと称するものから蚊《か》鉤、あるいはトバシとかタタキ、さらに古い文献（『鱒釣り』・目黒廣記著）によると、南九州のハシラカシ（毛鉤を水面に走らせる意味）とか、山梨のタイコヅリ（水面をチョンチョン叩きながら釣り手も移動する）等の呼び名もみられるように、この釣りにはかなり地方色に富んだ伝承があることを知ることができる。

ところが近年、そんな伝統のある土地でもこれを受け継ぐ人は少なく、所によってはすでに過去のものとなった場合も多い。その理由は、世代交代のせいもあるが、何よりも釣果第一主義の時代から、毛鉤そのものが趣味の釣りに変身し、釣果よりもむしろそのプロセスを楽しむものとなったからである。

その毛鉤釣りだが、かつて「竿は一丈、仕掛けはバカ一ヒロ」(一丈は三メートル。バカは竿尻よりも長い部分の糸で主に先糸と呼び、一ヒロはほぼ両手を広げた長さ)といわれたテンカラが、今や多くの人々に人気を博している。

その訳は、「渓流釣りとして最も格調が高い」(『東北の渓流』・阿部武著)といわれたように、まずスタイルの良さと、この釣りがより難しさの中の「遊び」にあふれているからだろう。したがって一地方のテンカラが、今や都会派毛鉤なる新語が登場するまでに発展したのも、あながち無理のない話かもしれない。

さて、古きものが失われつつある現代にあって、今もって素朴な釣りが実践され、かつ愛されている土地もある。ここではそんな地方の釣りと、そこに住むあるご夫婦の話を紹介しよう。

場所は奇しくも木曽と同じ長野県下、千曲川流域の、通称東信(東信濃)の渓と呼ばれる地域。毛鉤は「真田毛針」がルーツともいわれ、その独特な釣り方は、かつて「ケンカ」と呼ばれていたものだ。まずはその釣りとの出会いから……。

はじめて見た大胆なケンカ釣り

「ここら辺のイワナには、この鉤が一番いいに。川では武石《たけし》に大門《だいもん》、それに峠下の和田もいいネ、なあー、父ちゃん……」

過ぎる年、依田《よだ》川の支流、内村川を釣り終えた私は、偶然に通りかかった丸子の町で、一軒の釣り具屋さんへ立ち寄った。そこで求めたものは明日の分の釣り券一枚だったが、帰りしなにその店の女主人から、先糸（ハリス）のついた変わった毛鉤をいただいた。

「イワナを釣るんならこの鉤がいい！」といわれてもらったが、当時、まだ毛鉤の釣りを知らなかった私は、結局、翌日の武石川はもちろん、たびたび出かけたその後の釣りでもこの毛鉤を使う機会はなく、いつの間にか机の引き出しの中にしまったままになっていた。

またある日のこと、同じ依田川筋の大門川本沢で釣りを終え、帰り道の林道を歩いていて、ふとひとりの釣り人の姿に目が留まった。

オッ、釣り師だナ……、とこちらが思う間もなくその人は、突然、大きく竿をはね上げると振り向きざまに、竿もイワナも後方の茂みに放り込んでしまったのだ。あまりにも大胆で強引。しかも突然の出来事に、私はしばし我を忘れる思いであった。

やがて件のイワナが釣り人の手に握られたとき、その大きさにやっと我に返っていた。ここから見ても、そのイワナは尺二寸はあるだろう。その人は、一度だけ両手にのせた大イワナに目を注いだものの、むしろそのイワナよりも、川上と川下の様子が気になるらしく、手元よりそちらの方に気を配っているふうでもあった。幸い（?）木の間越しに覗いている私には気がつかないのだろう。こちらを一度も見ることなくその人は、野じめをしたイワナをビクに入れるや、ていねいに鉤を見、糸を触わり、穂先のクセを直して再び竿を振り出した。

その後も、遠心力にのって水面を割ったイワナが、まるで竿をひったくるようにして草むらに飛び込む光景が、二度三度。七〜八寸の中型のときは、合わせとともに、宙高く舞い上がったイワナをそのままに、あたかもぶら下げるかのごとく川岸に運び、猫の額ほどの河原に落として鉤を外していた。

竿はおよそ二間半（約四・五メートル）。穂先の割に見るからに腰の入った強竿だ。仕掛けはせいぜい一メートル。その人の釣りが毛鉤釣りであることも、また今まで耳にしていた毛鉤の威力なるものを、このとき一度に見る機会を得た私は、何ともいえぬ驚きだった。

川が林道と平行に流れる所、そこははじめてその人と私が、真向かいになった場所である。当たり前の会釈を機に、竿をしまって上がってきたその人と私は、やがて夕暮れの道を肩を並べて歩いていた。道中、その人はすぐ下の村、入大門に住んでいる

伝承毛鉤は丸子の町はずれ、小さな釣り具店のショーケースの中にあった

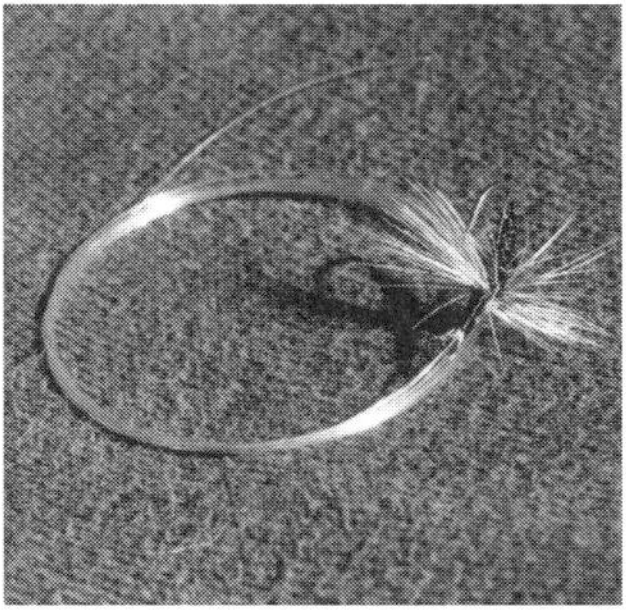

尾芦うめさんの巻いた毛鉤は当地に伝わる伝承毛鉤だ（上）。毛鉤作りを語るうめさんは、女流釣り師でもある（左）

ことやこの川を自分の庭のごとく釣り歩いていること、さらに今日は人に頼まれてイワナを釣りに来たことなどを話してくれた。

また毛鉤釣りについて聞いてみると、それは当地で「ケンカ」と呼び、毛鉤の場合にはみんなこんなふうにして釣っているという。ケンカとは、打ち込んだ毛鉤目がけて飛び出す魚との一瞬の勝負、すなわち魚を騙せれば勝ちで、しくじれば負けという知恵比べが、ちょうど人間（釣り人）と魚のケンカのようだからだ、という。確かに太くて短い仕掛けの釣りは手返しも良く、あの大イワナを有無もいわさず土俵の外へ放っぽり出すに至っては、なるほどケンカの表現もピッタリかもしれない。

別れ際に、その人がふと見せてくれた毛鉤に、私は大きな衝撃を覚えた。その人の手の平の中でポーンと引っくり返った毛鉤は、あの釣り具屋さんでもらった、先糸のついた毛鉤とまったく同じだったのだ。

釣り場の環境が生んだ仕掛け

こうして毛鉤の釣りを知った私が、毛鉤ではじめてのイワナを釣ったのもやはりこの大門川であった。鉤はもちろん引き出しの中から探し出してきたもので、この記念すべき日は、毛鉤をもらった翌々年、本沢の妙技を見てから二カ月あまりの、昭和四十八年七月のことだった。

かくしてつたないながらも毛鉤竿を振って、時々この釣りを楽しんでいた私だが、とくに興味を抱いたのは、出かけた先々の土地にこの釣りならではの特徴が、脈々と伝わっていることであった。

とくに東信地方では、餌、毛鉤を問うことなく釣りの盛んな土地だけに、ふと目にした農家の軒先にも、使い古した腰ビクやら竿やらが無造作に置かれている。また畑を耕やしていたおじさんが、急に声をかけると思いきや、「餌は何だ、鉤（毛鉤）はどんなだ？」となかなかうるさい。さらに夕暮れ時になると、どこからともなく少年毛鉤団が川面に立つ。なお、「フジの花が咲けば、毛鉤は佳境」とは、この地方で耳にした言葉である。

さて長竿短仕掛けの釣りは、当地に伝わる古くからのスタイルである。極論すれば、葦とボサに囲まれた川相のため、このような釣りが生まれ、定着したことは当然の結果といえる。が、実はイワナの毛鉤釣りなるものは、本来これが原型であったらしい。

なぜならテンカラの本家ともいわれる木曽の溪でさえ、アマゴ（以下ヤマメも同じ）を釣る場合には、短竿長仕掛け（俗にテンカラ仕掛け）の釣り方だが、通常の川のイワナとなると、やはり長竿短仕掛けの釣りに変わっている。これはアマゴがやや開けた環境を好む習性があるのに対し、イワナの棲む水域はより狭い環境のための策である。したがって藪や障害物の多い川では、仕掛けをつめたチョウチン釣りで……、となるが、当地の釣りで特筆できるのは、イワナに限らずアマゴも含め、あるいは川に対しても大小、上下流を問わず、すべて長竿短仕掛けの釣りで間に合わせてしまうところにある。

かつて大門川の本沢で出会った釣り人のように、この地方の人は、釣り方も強引なら川に対しても大ざっぱで面倒くさがり屋なのかと思えば、けっしてそうではない。ここにある人の話を紹介しよう。

「フジの花が咲けば、ここらの魚はみんな上（水面）を向く。いいですか、これは伝（秘伝のこと）ですよ。つまりですナ、大きな川も深い場所も、魚はみな上っ面を見ているわけだ。もちろんマンマ食うために……。だから川っ面さえ叩けばいいわけよ、毛鉤っていう奴は……」

どうやら大門川の小茂ケ谷《こもがや》に住み、子供の頃からイワナに親しんできたYさんの言葉。今は八十歳を超え、もう現役ではないから……と謙遜されるが、これが当地の釣りのすべてを物語っている。さらにYさんは、アマゴはもちろんイワナに対しても、「目（視力）が落ちると、奴らとのケンカに負ける」

と語っていた。

なお同じ千曲川水系の神川《かん》、並びに南佐久の相木川《あいき》でも、この釣りを「ケンカ」と称する人がいた。

東信の伝承鉤、『槌長・真田毛針』

さて毛鉤釣りの中で最も地方色豊かなのが毛鉤だろう。姿、格好はもちろん、巻き方から材料に至るまでその土地によって異なり個性に富んでいる。したがって使用する毛鉤と釣り方は、表裏一体の関係ともいえ、ここに伝統ある釣りが生まれる因となる。当地の毛鉤釣りは、先に釣り方等を紹介したが、長竿短仕掛けの釣りでは、当然水切れが良く、浮きの良い毛鉤が使われる。

そのためカモ、ヤマドリ、キジはもちろん、人気のあるのがチャボやプリモス（ニワトリ）の首、胸毛をミノ毛とした芯黒。これを好む人が多く、胴は細いがミノ毛は多めで長いのが特徴だ。

また当地の毛鉤で忘れてならないのが、「真田毛針」である。真田とは、長野県小県《ちいさがた》郡真田町の町名だが、むしろ戦国末期に活躍した真田氏一族の発祥の地、といえばわかりやすいだろうか。土地の伝承によれば、真田毛針の誕生は、幸隆、昌幸、幸村

の真田家三代の歴史にまでさかのぼるというから驚きだ。史実によれば、
「真田の松尾城から上田城に本拠を移したのが、天正十一年（一五八三年）。築城は真田昌幸、以後、変遷をもって松平家が代を重ね、明治維新を迎える」
とあるように、真田毛針も真田家の歩みと同じく、神川を望む真田城下で生まれ、松平藩（上田城）の藩士の手によって伝承し、以来、改良を加えて今日に至った……いきさつがある。しかも大変おもしろいのが、真田毛針を今日に伝える、「槌長・真田毛針」（登録商標）の数々の作品の中には、「名将幸村」をはじめとして、「真田大介」や「十勇士」などの当地ならではの名前が登場していることだ。

この真田毛針は、主にハヤ、ヤマベ釣りにファンが多いが、もちろんヤマメ、イワナにも愛好家が多い。その中のひとつ、「名将幸村」に至っては、尺バヤ、尺イワナを一気に引き抜いても何ともないという。丈夫で長持ちとはこの毛鉤の特徴でもあり、これはあたかも戦国の世に生まれ、数々の場を踏んできた歴戦の強者《つわもの》……といったら、いささかいい過ぎだろうか。野武士のような、そんなイメージを彷彿とさせるいかつい毛鉤、それが当地に伝えられた真田毛針である。

さて創業百有余年になる、「槌長・真田毛針」においても、現在では環つき鉤の出回りとともに、先糸のついたあるいは乳（環の代用にハリスや糸を用いて作った輪）を持っ

たヤマメ、イワナ用の毛鉤は姿を消した。が、ハヤ、ヤマベ用の毛鉤には、今もって先糸のついた古い姿が残されている。

そこで私は、今なお先糸のついた毛鉤を巻く、あの丸子町の釣り具屋さんを思い出し訪ねてみることにした。もちろん懐かしの毛鉤もさることながら、あの親切な女将さんに会えることも楽しみに。

夫唱婦随の釣り人生

丸子の町、内村川へ向かう丸子橋際にある山口釣具店は、依田川を目と鼻の先にするが、はじめてここを訪れる人ならまず面食らうに違いない。それはこのお店が道路に面しているわけでもなければ、それらしい店舗の装いはさらになく、唯一手がかりの「やまぐち釣具、入口」の看板から「↓」をたどって行くと、普通の民家の勝手口から軒端をすり抜けて、やっと「やまぐち釣具　ここです」の看板にたどり着くからだ。が、そのお店なるものも、何と普通の家なのである。

庭があって犬が吠え、縁側があって玄関がある……。この玄関に値する所が、実は山口さん家の釣り具屋さんなのだ。近頃流行の○○ショップなる釣り具店の苦手な私でなくても、この片田舎の釣り具屋さんの構えにはまず旅人なら感激するだろう。

例の「先糸のついた毛鉤」は静かな町の小さなお店、そんな片隅のショーケースの中に、ハヤとかヤマベ、あるいはアユのドブ釣り用毛鉤と並んで、ひっそりと置かれていた。

「まあまあ、ここでも何ですからこちらで……」

と通された部屋には、九月も終わりに近いとはいいながら、もうこたつがしつらえてあった。

床の間には和竿が二本。胴漆の鈍い輝きはかなり使い込んだものに違いない。早速、聞いてみると、これはご主人と奥さんの友竿という。また縁側に面した机の上には、巻きかけの毛鉤やら羽根が所狭しと置かれていた。早速釣り談議、毛鉤談議がはじまった。

「私たちは、夫婦そろって釣りが好きでしてね、溪流はともかく一時期凝ったヘラやアユにしても、実は家内の方がうまいんです。

店ですか？　丸子に一軒、うちが二軒目。もう三十年の上になるなァ。なあ、かあちゃん。私もつとめに出ていたもんで、店番はもっぱら家内でした……」

ご主人の尾芦俊彦さんは六十六歳。東京生活も経験があるなかなかの紳士だ。季節の釣りはもちろん、冬には愛犬を引き連れ鉄砲もたしなむという。

一方、奥さんのうめさんは六十七歳。俊彦さんが奥さんを立てるのは、姉さん女房のせいかと思いきや、こんなエピソードもあるそうだ。

俊彦さんが体をこわして丸子に帰郷、すぐに仕事をするわけにもいかないため、ご主人はこれ幸いとばかり、毎日好きな釣りに興じていたらしい。何しろ依田川へは歩いて一分もかからぬ環境だ。そんなご主人に弁当を届けているうち、「俺がメシを食っている間、竿でも持ってみるか……」のひと言が、奥さんの釣り好きの引き金になったのだ。

こうして人もうらやむ夫唱婦随の釣りとなったが、奥さんがメキメキと腕を上げたのは、ご主人が職場復帰してからである。依田川の見えるある部屋で仕事に戻ったご主人は、自ら川の様子が見える窓際族（？）を申し出たらしい。ところが今度は本人に代わって、依田川の主役はなんと奥さんになってしまったのだ。

「父ちゃんに悪いんで、目立つ土手は歩かずにこっそりと河原を歩いたもんだが、アユ竿ってのは継なぐと長くてねェ。内緒のはずが、今日はおまえ、あの瀬でいくつい

くつ出たろ！　なんてよくいわれました」

と仲睦まじく笑うお二人の話を聞くと、似たもの夫婦なる言葉を思い出した私も、思わず笑い出してしまった。

うめさんの毛鉤作り

さて、うめさんの毛鉤作りについて聞いてみると、店番の合い間に雑魚用の毛鉤（前出の真田毛針）をセット仕掛け（俗に流し仕掛け）に仕上げていると、たまたまこれを見たお客さんが、あまりの器用さとでき映えに感心し、それならひとつ毛鉤でも巻いてみないか……、と勧められたのがそもそものはじまりだった。

こうして地元に伝わる毛鉤巻きを身につけたうめさんは、本来、手先が器用なだけに、いつしかお客さんに、

「店にある（市販品）のはダメだで、かあちゃんの巻いたのをくれ！」

といわれるようになり、さらにこの羽根で巻いてくれ、あるいは毛の多いものやら少ないもの等々と、ついにはお客さんのリクエストにも応えてあげるまでになったのだ。

よく出る（売れる）もの、あるいは人気のあるもの、それはすなわちよく釣れる毛鉤、つまり当たり鉤であった。得意なアユ釣りやほかの釣りはともかく、女の身でイワナ釣りはどうも……、と謙遜なさるうめさんだが、どうしてどうして毛鉤はもちろん、イワナ釣りに至るまで大変詳しいのには、こちらが思わず舌を巻くほどであった。

娘の由美さんに毛鉤作りを教えるうめさん。彼女の毛鉤作りは、昔ながらの手巻きに終始する（上）。依田川本流を釣る尾芦俊彦さん。奥さんの巻いた毛鉤を使う。3間の長竿に先の仕掛けはかつて「ケンカ」と称された（左）

そんなうめさんにも、近頃は悩みがひとつ、二つ。それはかつては、チャボやニワトリやらを庭先に飼って、いつでもいい毛（羽根）が手に入るようにしていたが、最近では住宅も増え、ご近所の迷惑を考えると、いい毛は欲しいが、つい「コケコッコー!!」の心配が先に立つというのだ。そのため今は和田村のある方から毛を分けていただいてはいるが、それでもなかなかうめさんの気に入った羽根は少なくなったのだ。また近頃は、

「年のせいだか、長いこと根を続けるととても辛くてねエ」

とこぼすうめさんだが、この件に関しては、心強い味方が現われた。それはお二人の跡取り夫婦の若主人、一美さんは現在、俊彦さんからアユ釣りの手ほどきを受け、奥さんの由美さんはうめさんから毛鉤巻きを習っている。共に三十歳の若いカップルだが、やがて彼らもまた俊彦さん、うめさんのような、おしどり夫婦になるに違いない。

さて、買物に出かけていた由美さんの帰りを機に、うめさんから、

「じゃあ、二人で毛鉤を少し巻いてみましょうか」

との声がかかった。

うめさんの毛鉤作りは、すべてが手巻きに終始する。地鉤はいかにも頑丈そうな軽

井沢キツネの十二号、もちろん環はない。

まず黒のナイロン糸で胴巻きを半分ほど巻くが、このときすでに先糸となるナイロン糸（二～三号）も、鉤に沿って折り曲げて持ち、一緒に巻いてしまう。次にうめさんはチャボの胸毛を用いたが、これは好みによって何でもよく、羽根の表が上になるように先ほどの黒糸でチモトより羽根を留めてミノ毛を作る。うめさんによると、このミノ毛を作るときがコツだそうで、羽根だけをストレートに巻くもの、あるいは羽根の間を先ほどの黒糸で巻き留めるもの等々によって、ミノ毛の密や粗は、そのままよく浮くもの、あるいは沈みが早いものになる。また胴巻きも黒糸だけのスリムなものから、ときにはキジの羽根を用いて変化をつけている。

こうしてミノ毛を巻き終えたら再び胴に戻り、ナイロン糸の穴（折り曲げ部分）に黒糸を通し、チモトの上に出ている先糸と役目を終えた黒糸を引っ張り、全体をよく締め直す。常に毛鉤をフワーッ、とさせるため、漆はもちろん一切の接着剤を使わないのもこの鉤の特徴だろう。後は余分な黒糸をハサミで切り、先糸もおよそ一メートルの長さで切る。

「何だか私しゃ、このやり方しか知らなくてねエ。そんなに見られると恥ずかしいヨ」

こうして一本の毛鉤をアッという間もなく巻き終えたうめさんは、ハサミを置いて照れ笑いするうちにも、器用に一メートルほどに取った先糸を、左手の親指と人差し指にからめ、右手でくるくると巻くや、

「ハイッ、これででき上がり！」

と、私の前にかざしてくれた。

娘の由美さんは、

「ウワッー、だめダ、だめ、やだなア、私のはこんなになっちゃった……」

といかにも恥ずかしそう。「どれどれ」と覗き込むうめさん。なごやかな雰囲気の中、二人の座るテーブルには、こうしてまたたく間にいくつもの毛鉤ができ上がっていった。

「それじゃ、ちょっとこの毛鉤を試してみましょうか？」

二人に主役を奪われた格好の俊彦さんの声もはずむ。どうやらご主人の虫も騒ぎはじめたようだ。

私が俊彦さんはどちらの毛鉤を選ぶのだろう、と思っていると、やはり奥さんの毛鉤の中から芯黒を選び、五・三メートルの振り出し竿を用意した。

「今から奥へ行ってもなんだから、依田川でどうだネ、すぐ上だから……」

依田川の本流、あの大場所をきっとご主人もまた長竿短仕掛けの「ケンカ」で釣るに違いない。

川へ向かう車中、私はこちらのご夫婦に接し、釣りの世界は広く、毛鉤釣りの世界もしかり、とはいいながら、ご主人が撃ったヤマドリやキジの羽根を奥さんが巻き、それを旦那さんが試す。そして夫婦の会話。こんな心のこもった素敵な毛鉤は、そうそうないだろうな、と思った。

そしてうめさんの「何だか私しゃ、このやり方しか知らなくてねエ」と笑った顔が、とても印象的であった。教えられたことをかたくなに守り続けるうめさん。そして彼女は今、教えられたことをその通りに次代の人に教えている。

私はここに、伝承毛鉤の真髄があるような気がした。

〈文庫版付記〉

残念ながら山口釣具店閉店に伴い、文中の伝承毛鉤は入手困難。地元ベテラン釣り師の中で、愛好する方が次代の人に伝えていればいいのだが……。

相木村の川漁師

ずいぶん前の話になるが、かつてヤマメとかイワナのことを「溪流のウジ虫」と称する土地があった。

これはヤマメとかイワナという魚は、今日はずいぶん釣れたなァと感じても、またしばらくすれば同じような魚がそこに居つくことを、ちょうど次から次へと湧くウジ虫にたとえたものである。

またこれと同じように、その頃の溪では、

「なあに、ヤマメとかイワナなんざァ、竿で釣ったり網で獲るぐれえならちっとも減るもんか」というような話もよく耳にしたものだ。

ところが世は変わって、現在のような放流魚主体の溪流になると、このような話はすでに過去のもの。今では釣りはもちろん、その上、網で獲ったりすれば確実にその分の魚は減るし、第一、放流の加減で魚影が左右される場合もあれば、竿釣り以外は認めない所も多くなってきた。

たとえば、かつて釣りと並ぶほど盛んだった投網漁なども、現在ではこれを規制す

「昔はこうやって獲ったもんだ」と追い込み漁を見せてくれた山中さん。追い込み漁こそが最強の漁法……（上）。「追い込み漁には溪沿いに自生する山ブドウの皮を使う」（左）

る川が多い。一例をあげると、長野県の天竜川水系などはひと頃はどこでも打てていた（ただし地元漁業組合員に限る）が年々減少し、つい昨年から投網のできる川は、天竜川と三峰川（一部）の本流だけになった。

これは年々減少する渓流魚を保護する一方、昔のような天然魚ならいざ知らず、せっかくお金をかけて放した渓流魚を、それこそ一網打尽にされてはかなわないという組合側の立場もある。世はまさに渓流魚とは釣りで楽しむ時代になったのだ。

ここでは天竜川を例にあげたが、今後この傾向は、各地の渓流でもますます強くなりそうだ。したがって我々釣り人にすれば、このような傾向は歓迎でもあるのだが、そうかといって魚とか釣りを優先するあまり、川からすべての漁を締め出せば、各地に伝わる伝統漁もやがて人々の記憶から薄れ、いつかは滅びることにもなりかねない。時代の流れといってしまえばそれまでだが、かつてこのようにして消えていった漁法もけっして少なくはないだろう。

そこで、長野県は千曲川の支流、相木《あいき》川を例に、かつて釣り以外の方法でこの魚たちとつき合っていた人たちを紹介しよう。

相木川を舞台に活躍した名人たち

今から二十年ほど前の相木川は、確かに魚影も濃かったが、その分魚と関わり合っていた人たちが様々な形でいたものだ。そして、それぞれの漁には、当然、名人と呼ばれる人たちがいた。

たとえば餌釣りでは、今も現役の三川《みかわ》（集落名）の井上さん、以下、毛鉤なら通称、営林署の山中さんに、投網では上流から順に、三川の猿谷さんに中島の依田さんと栗《く》生《りゅう》の井出さん。加えて立岩湖の釣りなら先年亡くなった飯出さんだが、彼は置き鉤でイワナを獲ることも大変上手な人だった。

また若手のAさんは、この村一番のヤス突き名人であった。Aさんはかつて水難事故のあったおみかの滝壺とか、立岩の深淵から千ケ滝のような難所をパンツ一丁で潜り、まるで主のような二尺のイワナとか、パーマークや朱点も鮮やかな尺五寸アマゴなんていう大物を、いとも簡単に仕留めていたものだ。ただしこの川でのヤス突きは、当時といえども本当は禁止だったのかもしれない。なぜなら子供の川遊び程度なら寛大だった村人も彼の大物突きとなれば話は別。小言のひとつや二つはもちろん、なかには顔をしかめる人もいた。したがって彼の名前だけは匿名にさせていただこう。

その怖い物なしのAさんは、また夜釣りで大物をねらうことも好きだった。当時立岩湖畔にて、野宿の多かった私も何度か誘われ、夜の相木川へ出かけたことがあった。Aさんの月夜の晩ならこの淵とか、ここは数が出るからこっちを流せ！　というような指示は、思わずこちらが舌を巻くほどだったが、実際、夜の相木川にひとり取り残されたときなどは、いつの間にかもう釣りのことはどうでもよくて、Aさんの帰りが待ち遠しかったものだ。

ところで、この川ではAさんのように水中に潜ってヤスで突くほかに、箱メガネ（ガラス箱ともいう）で川底を覗きながら魚を突く「水面《すいめん》」という方法もあるが、現在では潜水行為は厳しく禁止されている上、この水面も漁業組合への届け出制になっている。また組合側でも、届け出た人すべてに認めるわけではなく、これを許可する人数も制限している。

また当地には、水面とともに一風変わった呼び名の「計算《けいさん》」という漁もある。これは夕立ちなどで川の水量が増えたり濁ったときに大変効果の上がるもので、ほかでは叉手網《さで》とかぶったいなどという。普通、中～下流域でのこの漁は、前記状況のもと岸辺の草むらなどに避難した雑魚とかフナを獲るが、ここではもっぱらアマゴやイワナが対象だ。このときに用いる網は、今でこそ市販の三日月網とか四ツ手網を使うが、かつては掬《す》い手（魚を掬い取る意味）といって、二本の竹を交叉して三角を組み、その部分に箕に似た網を張ったものである。当時の山村では、この網に相当する所には、もっぱらクマザサの茎を編んで用いたという。

なおこの掬い手も三日月網も、一本の支え棒を設けるのが特徴だ。それは単に持ち運びとか操作がしやすいばかりでなく、ベテランになると、握った支え棒を通して網に入った魚の型がわかるからだ。大物ならゴッツンで小物ならコツといった手応えは、さながら釣り竿に伝わるあの感触にも似ているだろうか。これは掬い手の方がより明確で、三日月網になると川底と網に生ずる隙間予防の役目が強い。

ところでその計算だが、川漁の盛んな土地だけに、ここでは川が濁れば大人も子供もこの網を片手に岸辺の川底を掻く。ところがこの漁も慣れないと重労働の割には獲物が少ないものだ。一方、上手な人になると、ほぼ魚の集まっている場所を選ぶ。この漁の得意な下新井の山口さんに至っては、まず静かに網を構えるや、小石をポチャンと落とし、逃げ足の速い良型を一尾、二尾と捕まえてから今度は普通の人のようにこれでもかと岸辺の藪を掻く。

この計算は今も行なわれ、時には父親が魚を追い出し子供が網を受け持つという、実に微笑ましい図も見かけるが、片や近年まったく見ることのできなくなったのが、この計算の中でも最も難しいという「追い込み漁」である。この追い込み漁こそ計算の語源となるものだが、この漁については後に詳しく紹介しよう。

また降雨の折の濁り時には、この計算師と共に我々餌釣り党のミミズ派も好期到来とばかりに喜ぶが、もう一方でひそかにこの日を待ちわびる人たちもいる。それは今でも変わりなく活躍する投網師だ。彼らは夏の通り雨でもあれば、それこそ畑から納屋に戻り、今度は網を肩に下げ一直線で川へ向かう。

こんなとき、彼らのねらうポイントは、計算よりもやや沖目の淵尻とか瀬尻だが、この川で見事な大輪を咲かせるように網を広げる人は、まず素人の域と思って間違いはない。なぜなら清流域のアユとか雑魚と違い、溪流の底石は複雑な構成が多く、大きく広げれば広げるほど魚は石の下に潜ることになり、当然これを無理に引っ張れば網は破れることになる。また水面の上をよぎるかのごとく、小さく素早く網を打つ人とか、少々の石とか岩ならそれごと網をかぶせてしまい、すぐに駆け寄り石の中に潜り込んだ良型を網の上から握る人などは、溪流での投網師としてはたとえ一流でも、あいにくこの川では名人になれない。

それではこの川での名人芸といえば、川が濁っていようといまいがそんなことには関係なく網を打つし、邪魔な石があればこれをいとも簡単に外してしまう。たとえばそのためには勾玉とかひょうたん形にも網は自由に変形するし、この川名物の葺の覆う流れには、ずばり葺の際に沿った稲妻形の長方形といったあんばいだ。

さらにつけ加えれば、この人たちは左右どちらかでも網を打つ。一見何でもないこの動作は、実は大変難しい。ちなみに利き腕で竿を握る私たちが、その反対の手で竿を持ったとしたらどうだろう。体全部を使う投網だけに、改めて結果を述べるまでもないはずだ。つまり左右両手投げの投網師は、まず構えに気を回さなくて済むし、死角もずっと少ないことになる。

さらに小石を投げて網を打ったり、いったん振る真似のフェイントは、いずれも投網師の有利な場所に魚を追い出す戦法だ。こんなとき、投じた網は魚の数歩(?)先、といった感じだが、実際はこれでどんぴしゃり。どうやら彼らはこの辺の間合いもちゃんと計算済みなのだ。このような難度の高い連続技は、まさにこの川を知り尽くした名人ならではのもの。しかし、今はほとんどの方が高齢となって現役を退いてしまったが、なかには時折相木川に立ち込む人もいる。

史上最強の漁法、追い込み漁

今までは相木川における各漁の、いわば種目別のチャンピオンを紹介したが、この川での総合チャンピオンとなると、やはり毛鉤の名人山中さんだろう。

選考理由は、ずばり、山中さんはどの分野にも水準どころか名人級の高得点を上げてしまうのだ。そして当地方独特の、「追い込み漁」を知る人でもある。もちろん山中さんは今も現役の釣り師だが、村主催の老人マス釣り大会などに出場すると、決まってダントツ優勝を飾ってしまう。その竿さばきとビクの中味は、ほかの人に比べてあまりにも桁外れである。

一方で、長年営林署につとめていた関係か、山とか樹木のことはもちろん、山菜とかキノコ（当地では主にマツタケを指す）にもめっぽう明るい上に、かつては銃をかついでクマも撃っていた。その山中さんだが、出身は実はこの相木村ではない。まずは簡単にプロフィールを紹介しよう。

山中さんは埼玉県の奥秩父、大滝村は栃本の出身だ。明治四十三年生まれというから今年で八十一歳。本名は山中兼雄と書いてノリオと読む。この村に暮らして早くも六十年になるが、郷里の秩父を離れた理由はこうである。

「栃本ちゅう所は狭い所でなァ。前見たって横見たって山ばっかしだし、第一どの家も山の土手っ腹におっ建ってるようなもんだったナ、あそこは。おらぁ、いつしかここ出てもっと広いとこ行ってみてえと思っただヨ」

そそり立つ山々に囲まれて育ち十代の半ばにして、それこそ大志を抱き故郷を後に出かけた先は、山梨、埼玉、長野の三県にまたがる甲武信岳の向こう側、つまり長野県の千曲川もほぼ源流域の梓山であった。山中さんの仕事は木を切る職人、いわゆる杣夫だが、これはもちろん秩父時代に覚えたものだ。

以来、生来の勘と腕の良さを買われ、次いで同じ川上村の小川からこの相木村に至った次第。山中さんがこの村へ来たときは、まだ弱冠二十歳で、結婚は二十七歳のときだった。奥さんはもちろんこの村の人。現在は栗生川の畔りの中島に住んでいるが、当初は昭和二十一、二年頃に戸数三軒でスタートした奥三川（昭和四十六年に集団移転、現廃村）に暮らしていた。彼は三人の子供さんを全員そこで育て上げている。

川との関わりは、山中さんのことをよく知る人がこんなことを話してくれた。

「山中さんは知っての通り無口で生一本の人だが、あの人は何をやらせても腕のいい人だ。昔は山（木）切るに、出来高制というのがあって、この山のこれだけの木を切ればいくら、という具合だった。普通の人なら一年もかかるところを、あの人はたった半年で終わっちまうんだナ、これが……」

「後はどうするかって？　こっちはまだ一生懸命木を切ってるのに、あの人は後は好きな魚釣りをしたり山で遊んで（山菜やキノコを採ったり猟をすることをこの辺では山で遊ぶという）んだヨ、だからあの人は何だってうまいんだ」

この話は山村に今のようなチェーンソーが出現する前のことで、世はもっぱら手挽きノコギリの時代。

どうやら山中さんの川上手には、そんな背景も含まれていたようだ。また併せて様々な川漁に精通しているのは、

「そのときのお天気とか水具合で、一番魚の獲れる方法」

を考え実践したからだ。また山中さんによれば、毒流しとかバッテリーのような違法行為は別にして、竿釣りにはじまる数ある漁の中で、追い込み漁こそが史上最強（?）の漁であるという。

なぜなら釣りの場合、どんな名人といえども食い気のない魚まで釣り上げることは不可能だし、片や投網のような漁といえども、この川名物の葦の根元に潜んでいる相手に網をかぶせることは、無理な話。ところがこの追い込み漁をもってすれば食い気のない魚も、手に負えないはずの相手も、すべて手中にすることができるのだ。しかもこの追い込み漁では、そんな相手の方が、かえって都合がいいというではないか……。

ただ追い込み漁は、史上最強ゆえに現在の長野県下では、いかなる魚種に対しても

一切禁止になった。

『鵜縄《うなわ》を用いてする漁法』

鵜の羽根を縄につけ、水中をひらひらさせて魚をおどし、網等に追い込み捕獲する漁法。

これは同県の漁業調整規則（第二十五条）から抜粋したものだが、昨今では鵜の羽根に限らず、これに類するものは一切やってはいけないことになっている。が、当時の相木村ではまだこの漁法が生きていた。

しかし、その頃でも鵜の羽根を使う人はこの村にはいなかった。ただ前出の飯出さんは、あるときカラスの羽根数枚を束ね、棒の先に縛ってこの漁を見せてくれたが、これなどはかつて鵜の羽根を用いていた頃の名残りかもしれない。多くの人は山ブドウの皮を使っていた。このあたりの事情は山中さんの説明を聞くことにしよう。

「おらぁ、まだるっこいで鳥の羽根なんか使ったことないが、短時間ならヨモギとかハギの葉っぱだっていいだョ。だけどこれだとすぐにクターとなっちまうがナ。山ブドウの皮なら一番手っ取り早いし、これだと何回使ったって大丈夫だ。おらぁ、何がいいかと思って馬の毛とかシュロの毛も使ってみたが、手に入るんならシュロの毛、これが一番良かったナ」

つまり魚を追い出すだけなら何でもいいが、サワサワした状態で長時間水の中でも耐えるものとなれば、水鳥の羽根とかシュロの毛のように、脂っ気のあるものが適していることになる。もちろん山ブドウの皮も、ヤニが出て水を弾くためにこれと同じ。なお山中さんに最適といわせたシュロの毛は、山国のためにこれを植えてある所は「お大臣の庭」で、一般ではとても手に入る代物ではなかった。加えて鵜の羽根同様に使ったものとしては、死んだイタチの皮(同県の依田川水系ではかってこれをカワウソと称していた)や川柳の葉っぱ(キラキラ光るので効果あり)というような地方もある。

相木川……今は昔の物語り

さてある日、私は山中さんにこの追い込み漁を見せてもらった。

山中さんが家を出るときに用意したものは、三日月網と腰ビク、この二つだけである。そして渓沿いに自生する山ブドウを見つければ、小刀とかナイフを使わずに、まず自分の爪でこの皮に傷をつけ、ビリ、ビリ、ビリッと数条に剥いでしまったのだ。続いて傍らの雑木に目をやれば、これも鉈などを使わずに今度は強引にへし折ってしまった。もちろん左右に伸びる枝は、手でポキン、ポキンといったあんばいだ。これを見た私は、失礼ながらいったい八十歳を超えた方のどこにこんなパワーが隠されて

追い込み漁のポイントを窺う。難技な場所ほどこの漁は威力を発揮する

仕上げは河原石で叩いて山ブドウの皮をほぐす。その間道具は一切使わない。山人の知恵があふれている

いたのだろう、と驚いた。

こうして握りの太さが竿ほどで、長さがおよそ三メートル近くに仕上がった棒が、追い込み用の柄になるものだ。山中さんによれば、この柄にはダンゴの木（ミズキ）などが折れにくく、しなやかで使いやすいという。

続いて河原に着けば、今度は握り拳ほどの石を拾い、河原石を台に先ほどの山ブドウの皮を叩く。そしてサラサラになった山ブドウの皮を、ダンゴの木の先端に結ぶ。ちょうどその格好は清掃用のあのハタキにそっくりだ。このときも山中さんは紐などは使わない。山ブドウの皮を細くしたもので間に合わせている。しかもアッという間の一連の作業には、まさに山人の知恵があふれている。

いよいよ流れにたたずんだ山中さんは、

「これじゃ、ちょっと水が太いなァ」

とひと言。本来は夏のような渇水期にこそ、この漁は川の隅々まで探れて威力を発揮する。が、今回はこちらの勝手ながら、この漁がどういうものであるかをカメラに収められればいいわけだ。ところが何度目かのこと。ボサの下に追い込み棒を突っ込めば、矢のように飛び出して来たイワナが、見事三日月網に命中した。

思わず彼が笑えば、こちらも笑う。ところが当のイワナにすれば、この一瞬は必死この上ない出来事だったに違いない。それが証拠には山中さんの手によって流れに戻されたこ奴は、しばらくは放心したようにじっとしていた。

　私が近づいてあわてて逃げたこのイワナは、このときになってはじめてすべてを理解したようだ。すなわち安全なはずの場所で、すっかり安心していた魚にとって、ある日突然に奇妙なモノが闖入すれば、これは驚くのが当たり前。したがって脇目も振らず、それ逃げろ！　と飛び出せば、彼らの行く手には網が待っているという寸法。これが追い込み漁なのだ。しかも彼らには気の毒だが、あの持って生まれた電光石火の走りが逆に命取りになってしまうのだ。この漁の上手な人は彼らに方向転換の隙は与えない。なおこのように予想を立てること、つまり前もって魚の行動を計算することが、「計算漁」の語源である。

　やがて小さな河原に腰を下ろした山中さんは、今し方の感触で、忘れかけていた何かを思い出したようだ。珍しく饒舌に、過ぎし日々のことを話してくれた。

　この追い込み漁は、山中さんがこの村へやって来たときには、すでに土地の人によって盛んに行なわれていたという。また一度に尺以上の大物が五本も六本も入り、あわてて陸に駆け上がったこともあれば、この棒を入れた途端、魚は網に向かうどころか岸に飛び出してしまったこともある。

さらに私の知らないもっと前の相木川は、今よりも流れはずっと太くて石も大きく、そこかしこの淵々には大小無数の魚影が見えたそうだ。

支流の栗生川に放されて定着したアマゴをこの追い込み漁で捕まえ、自分の住んでいた奥三川の流れに放したのは、もうずいぶん前のこと。このときの三十尾ほどの親魚は、やがて三川三年禁漁の後に大繁殖し、その朱点鮮やかな彩りはいつしか南相木川一帯に及んだという。

私が話を伺った場所は、かつて山中さんが住んでいた奥三川。目の前の流れには彼が魚を追い出し、それを待ち受ける子供さんたちの姿もあったに違いない。

どうやら山中さんは、穏やかな山々に囲まれ水清き流れには無数の魚影が走る、そんな当郷に若き日の夢を咲かせたようである。

相木川……今は昔の物語り。

●付記

ここでは、今では見ることのできなくなった追い込み漁を取り上げた。読者の方々には、渓流の世界にもかつてこんな漁もあったと知っていただければ幸いである。なおこの追い込み漁は、相木川をはじめとした佐久地方ならびに東信地方全般の川に広まっていたが、今は語る人も少なくなったのが実情。さらに文中のアマゴは、当時の状況に基づくもので、現在はむしろヤマメの方が多い。

〈文庫版付記〉

近年は放流魚主体の渓流事情により、多くの川漁が規制された。相木川における投網の範囲は川又地籍まで、ただし地元の漁協組合員に限る。

田子倉湖の刺網漁

越後と会津の国境、俗に奥只見と呼ばれる一帯は、名にしおう豪雪地帯として有名だ。が、我々釣り人には、「銀山イワナ」あるいは「田子倉イワナ」の名で知られるように、奥只見といえばダムと大イワナの世界……を思い浮かべることが多い。それは銀山湖（奥只見湖）が、ジャンボイワナの釣れる湖としてあまりにも有名だからである。

ところで、この銀山湖とそこに棲む大イワナが一躍脚光を浴びたのは、昭和四十年代前半のこと。普通の渓流なら一生かかっても出会えるかどうかの超大物、五十～六十センチ以上もある大イワナが、ここでは「ルアーで釣れる！」と大評判になったのだ。こうして秘境「銀山湖」の名とともに、ルアー人気はアッという間に日本中に巻き起こってしまったが、当時の銀山ブームはまさに異常ともいえた。釣り人の間では「銀山へ行けば北は北海道から南は九州ナンバーの車まで見られる」といわれるほどだった。が、やがて人々の目は、過密ぎみの銀山湖から同じ奥只見にあるほかのダム湖、同じく只見川を堰止めた大鳥ダムや田子倉湖、あるいは破間《あぶるま》川水系の黒又第一、

網上げに向かう鈴木さん。彼は湖底に沈んだ田子倉集落の出身。当時の鈴木さんは、田子倉の山と湖で一年を過ごしていた（左）。広大な湖は、巨大なイワナを育くんだ。ここ田子倉湖では、その大イワナを刺網でねらう（下）

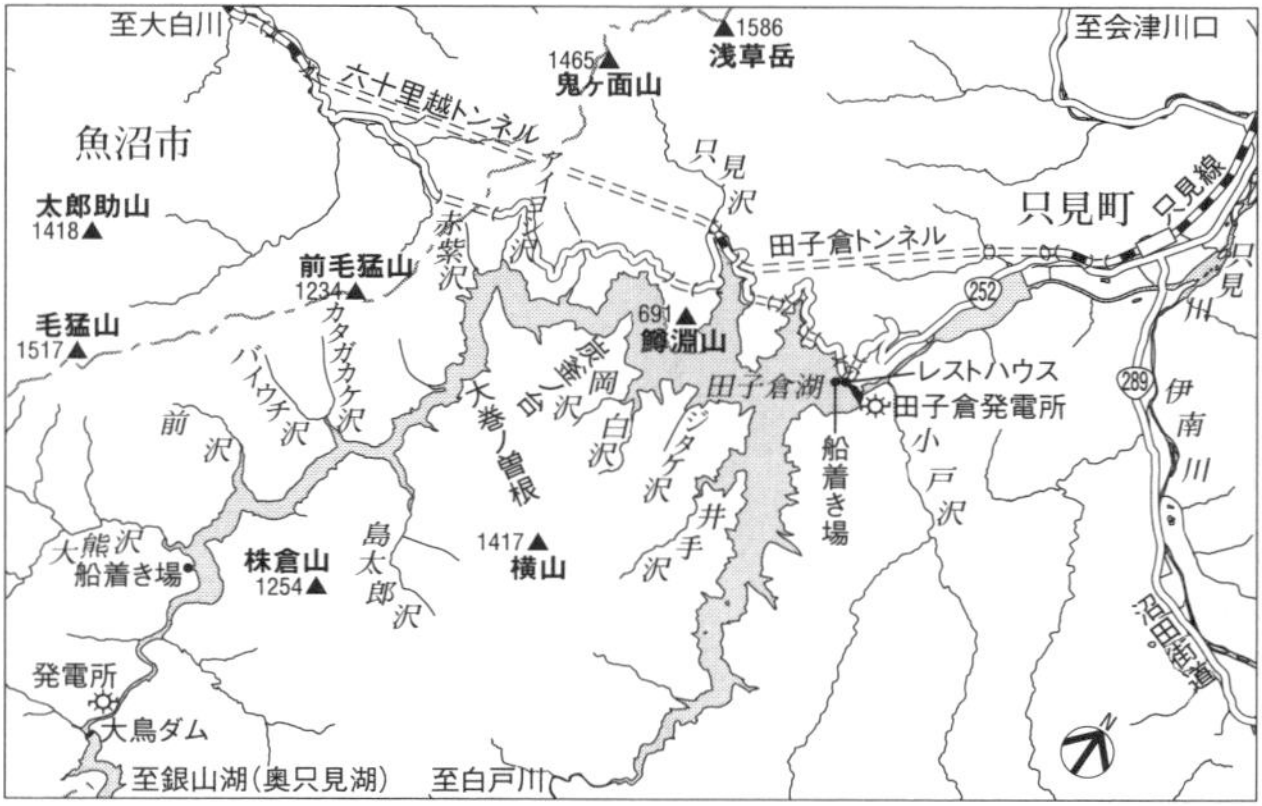

第二ダムへと移っていった。この中でもとくにパイオニア精神旺盛な釣り人は、ダムの規模やイワナの大きさの点で、今度は田子倉湖に目を向けたが、そのようなときすでに田子倉湖では、独自で大イワナを追い求めている人たちがいた。

彼らはダム完成後、間もなく湖に現われた大イワナを、ルアーを含めた今日の釣りとはまったく無縁な方法で獲っていたのだ。それは同地で今なお伝わる「刺網」と呼ばれる網による漁法であった。

この田子倉湖には、かつてイワナ専門の刺網漁師がいたが、やはり時の流れとでもいうべきか、現在ではこれを業とする人はいない。今なお活躍する数名はいずれも副業を持った人たちか、あるいはその反対に刺網漁そのものが副業といった形である。いずれにしても、趣味としての釣りが盛んな今日、刺網漁はその狭間に立たされて衰退の一途といえそうだ。これは同じイワナを求めた男たち、かつて竿一本で暮らした職漁師が養殖漁業の発展のために衰退していったのと、まったく同じ道をたどっている。

刺網漁のはじまりは大イワナへ挑んだ勝負から

ここで田子倉湖や刺網漁について語る前に、かつての只見川や湖底に沈んだ田子倉の村にも触れておこう。

田子倉湖は、昭和三十六年十一月、只見川を堰止めて出現した。戦後の復興期に只見川電源開発計画がうたわれ、およそ八年の歳月と三百七十億円もの巨費が投じられて完成したものだ。ちなみに同じ只見川の大鳥ダムは、昭和三十九年、銀山湖は同三十七年の完成だった。

各ダム出現以前の只見川は急峻な谷ゆえ容易には人も近づけず、それこそ「ただ見る川」と呼ばれていたという。また狩猟の村、「田子倉マタギ」で名高い田子倉から先は、往時福島県側は片貝ならびに、大津岐の開拓村まで人の住む村はなかったようだ。

湖底に沈んだ田子倉の村は、当時五十一戸（五十七戸説もある）。主な移転先は只見町だが、なかには会津若松や福島市のような遠方に移った人もいる。交通不便な南会津の中でも、とくに辺境の地といわれた同地は、新潟と結ぶ国鉄只見線が昭和四十六年、国道二五二号の六十里街道が同四十八年の開通だった。なお現在、湖畔に祀られている山神様は、狩りの主護神として長く村人に崇められた社であった。また毎年九月五～六日の秋祭りには、やはりダム湖畔の鎮守、若宮八幡神社に旧田子倉の人々が集い、湖底に沈んだわが故郷を偲んでいる。

かつての只見川には、イワナの生息はもちろん、日本海からマス（サクラマス）ものぼっていた。上流を目指すマスたちがよく休んだという鱒淵なる深淵は、すでに湖底深く沈み知る由もないが、現在の六十里街道沿いには今も鱒淵山の名が残っている。地元の古老の話では、この時代、マスを獲るための網漁はなく、ヤス突きや「越後のマスかぎ」で有名な引っ掛けの方法で、のぼってくるマスを獲ったという。季節になると村では櫓を組んで見張りを立て、いざマスの姿を見つけると男衆は総出、しかもフンドシ一丁の勢子が深みのマスを追い出すという、実に壮観な漁であった。

さらにダム完成以前の只見川のイワナになると、故阿部武著の『東北の渓流』の中に、迫力ある記述が載っている。その一部を紹介しよう。

「田子倉湖は東北でも例のないところだから紹介する。（中略）田子倉湖出現前の只見川本流は急流の大渓流で、田子倉部落上流の渡船場（著者注＝当時の田子倉の村はずれ、対岸の白沢集落へは橋がなく、只見川を小船で渡っていた）に民宿して本流をつったころは、両手で扱う奥地用イワナ竿の直径五センチもある、手元一本目の男竹が曲がりだすので、大型はとりこみようがなかった。渡船番の置きばりにかかる六十センチをこす大イワナを見て、つり竿による新手を考えているうちにダム湖ができた」

今では想像もつかない当時の様子が描かれており、かつての只見川は、「エサが豊富で、体力の維持ができるため大型イワナが多い」とも記している。

この時代の只見川は、イワナはもちろん、ヤマメ、アユ、ウナギ、ハヤ、カジカの類から季節的にのぼってくるサクラマスも加えて、本来のあるべき溪流の姿を保っていた。とくにイワナに関してはほかに例を見ない超大型、二〜三尺近いモンスター級が数多く生息した。

この只見川の大イワナを獲る方法は、朝夕の置き鉤（地元では捨て鉤と称し、餌はカジカ）や、ヤス突き（とくに秋の遡上期、小沢にのぼった魚の漁が盛んだった）によるもので、その頃、地元では只見川の大イワナだけをねらった竿釣り、さらには刺網の習慣はまだなかったそうだ。

さて例外的な只見川のイワナとはいえ、いわゆる溪流魚。しかしこのイワナが、大海原にも等しいダム湖に移ったとしたら、いったいどうだろう。そうでなくとも只見川のイワナは、大型に育ちやすい性質《たち》（一般的にはのぼりの習性を持ったアメマス系のイワナといわれている）なのだ。かくして田子倉の湖面に再び大イワナの姿が蘇ったのは、ダム完成後二〜三年のことだった。

とくに秋、産卵のために各支流筋にのぼってくる大イワナの姿は、実に壮観、まさに巨魚群泳の感であった。当初はこの相手のみをヤスで突き、なかには塩漬け、またはイワナずし（俗にくされずし、押しずしなどという）にして冬の食料とした家庭もあったほど。が、やがてこの季節の到来を待つばかりでなく、何人かの者は広大な湖にいる大イワナに勝負を挑むようになった。これが田子倉湖における刺網漁のはじまりで、ダム完成後四～五年目のことだった。

経験がものをいう網張り場所は、ワカサギのつき場

田子倉湖の玄関口、只見町で民宿「鈴屋」を営む鈴木正義さんは、当時五十一歳。生まれてこのかた只見に暮らす鈴木さんは田子倉湖はもちろん、山にも川にも精通した山人だ。春と秋の山菜やキノコ、さらには冬のクマ撃ちと、かつての田子倉マタギの流れをくむ鈴木さんは、文字通り「田子倉の主」といえようか。

そんな鈴木さんが湖の刺網漁をはじめたのは、今から十五年前のこと。それまでつとめていた役場をやめ、民宿をはじめたのがきっかけだった。民宿開業に際し、お客さんに供する膳を考えたとき、湖と山の町、只見にやって来る人に「なんでマグロの刺身が出せっかヨ」と思ったのだ。言葉は悪いが、鈴木さんの素朴な気持ちは今も変わらない。我々旅人にはうれしいことに、夕餉の膳はいつも獲りたての湖と山の幸にあふれている。

さて、鈴木さんの扱う刺網は、三十尺（約九メートル）×十五尺（約四・五メートル）

で一枚と称する網を、二〜三枚分継ないだもの。つまり、三枚継なげば直線で九十尺、およそ二十七メートルになる。これを自分の持ち場に仕かけておくのである。が、田子倉湖では、前日の夕方仕かけ、翌朝網上げといった海などの網漁とは違い、春に仕かけたら夏の一時期を除いて（夏は水温が上がり、魚の動きが少ない。その上水アカが発生して網に付着するため、彼らは八月いっぱい網を上げて漁を休む）ほとんどそのまま、後は毎朝、網にかかった魚だけを獲りにいく。広い湖のこと、当然季節や日並みによって魚の動きは変わるはず、やれ昨日はあそこ、今日はここ、とでもなるのかと思ったら、

「いやいや、網にも場所にも、いろいろと都合があって……。とくに場所は、仲間同士、お互いの領分は決めてある」

どうやらこれはカツオやマグロの群れを追うようなわけにはいかないようだ。

ここで少し、刺網の決まりについて記しておこう。まず刺網をする人は、当然管轄の伊北《いほう》地区漁業協同組合（伊北とは只見町の旧村名）発行の刺網鑑札を受けなければならない。とくに田子倉湖の刺網については、以前は誰でも許可するわけではなかった。ダムの保償とでもいうべきか、まず田子倉出身の人が何より優先だったのだ。そのためどうしても刺網をしたい他地区の人は、田子倉出身者の名前を借りて許可を受けたといわれている。金額は、前述の網一枚分で年一万円。仮に三枚使う人なら三万円だ。

ただし組合の許可範囲は、総数で五十枚分と決めている。この上限はもちろん魚族の枯渇を防ぐため、そうでないと田子倉湖が刺網だらけ、まるでクモの巣を張りめぐらしたようになるからだ。

ちなみに、上限の五十枚は同じ只見地籍の滝ダム（現三名の刺網漁者あり）や川（主に落ちアユ）で使用する人の分も含まれている。なお網の目は三センチ以上で、漁期は毎年五月一日より九月末日まで。網の鑑札はもちろんだが、湖が舞台とあっては足になるモーターボート、つまり船舶の免許も必要だ。

次に網を張る場所だが、これについての規制は禁漁区を除けばとくにない。むしろ憂慮されるのが同業者間のしきたり、網張りならぬ縄張りだろうか。何ぶんにも経験がものをいう世界。古参者の継続する場所は、双方相踏み入れぬ決まりになっている。なぜなら湖の魚、とくにイワナ等の居つく場所は、立木回りや障害物の多い所ほど好ポイントなのは周知の通りだが、そんな場所ほど網は張りにくいものだ。したがって彼らは三～四月の減水期に湖へ出て、来たるべきシーズンに備えて立木払いなどをしておく。が、自分の漁場とはいえ、この作業は雪と氷の中でのこと、大変な重労働であることはいうまでもない。これではお互いの漁場を重んじるのも当然といえる。

さて現在、田子倉湖で刺網をする人は十名ほど。ほぼ二十年の間でおおよその顔ぶれ（当初は四名）と世代は変わったが、今や鈴木さんはこの道のベテランだ。

漁場は主に白戸川と白沢のほぼ中間、通称「ジタケ沢のワンド」を中心に、「白沢のワンド」と「アイヨシ向かい」の三カ所だ。このアイヨシ向かいとは、湖面から眺められる落差十五メートルあまりのアイヨシ滝をもつアイヨシ沢の対岸（右岸）という意味だ。鈴木さんがこの場所を選んだのには、もちろんそれなりの理由があるのだが、その前に刺網漁のポイントといわれるものに触れておこう。

季節や日並みによって魚の動きが変わることは、湖に限らずどのような場所も同じだが、湖の場合、とくに水温が影響されやすい。だからといってイワナやサクラマス（かってはイワナのみだが現在は多い）の動きに合わせ、そのつど網を張るわけにもいかないことは前に述べた通り。そこで彼らが網を張るときの一番のねらいは、ずばりワカサギのつき場である。ワカサギはいうまでもなくイワナやサクラマスの好餌。しかも湖のイワナたちが巨大化する理由は、よく知られたように好んでワカサギを餌とするからだ。

つまり鈴木さんの選んだ場所は、ワカサギが集まり、それを追ってイワナやサクラマスがやってくるポイントだ。とくに沢を控えたワンドは、より多くの魚が集まる場所として実に申し分ないのだが、意外にも彼らは直接流れ込みに網を張るようなことはしない。それは流れによって網が押されたり、流木などで破られたりするからだ。それともうひとつ、彼らがこの流れ込みを嫌う理由は、水勢によって網がふくらんだ状態になると、網に当たった魚はかかるどころか逆に跳ね返ってしまうのだ。この点は釣り人が選ぶポイントとはだいぶ違う。

さて網の取りつけは（図参照）、まず岸の立木等にロープを固定し、ワンドを横断して対岸で結ぶ。これを、「親ロープを結ぶ」と呼んでいる。次に親ロープに適当な間隔をあけ、親糸なる細目のロープを下げて、これに刺網の上部を結ぶ。これでセットはほぼ完了で、後は目印と同時に網の張り過ぎを避ける役目も果たす、数個のブイ（浮標）をつければ良い。

なお、このときの注意点は二つ。網の張り具合はゆるめの方が魚のかかりが良く（魚が網にこんがらがる状態が良い）、張り過ぎに気をつけることと両岸数メートルを除いては、親ロープを水面に出さないことだ。これは万が一刺網の上をボートが通ったとき、船外機のプロペラ等に網が引っかからないためだ。説明すると長くなるが、ちょうど天井から蚊帳《かや》ならぬ小鳥を捕らえる、カスミ網を吊り下げた格好とでも思えばいいだろう。

こうして刺網が仕かけてある状況は、よっぽど近寄らないとわかりにくい。水面に

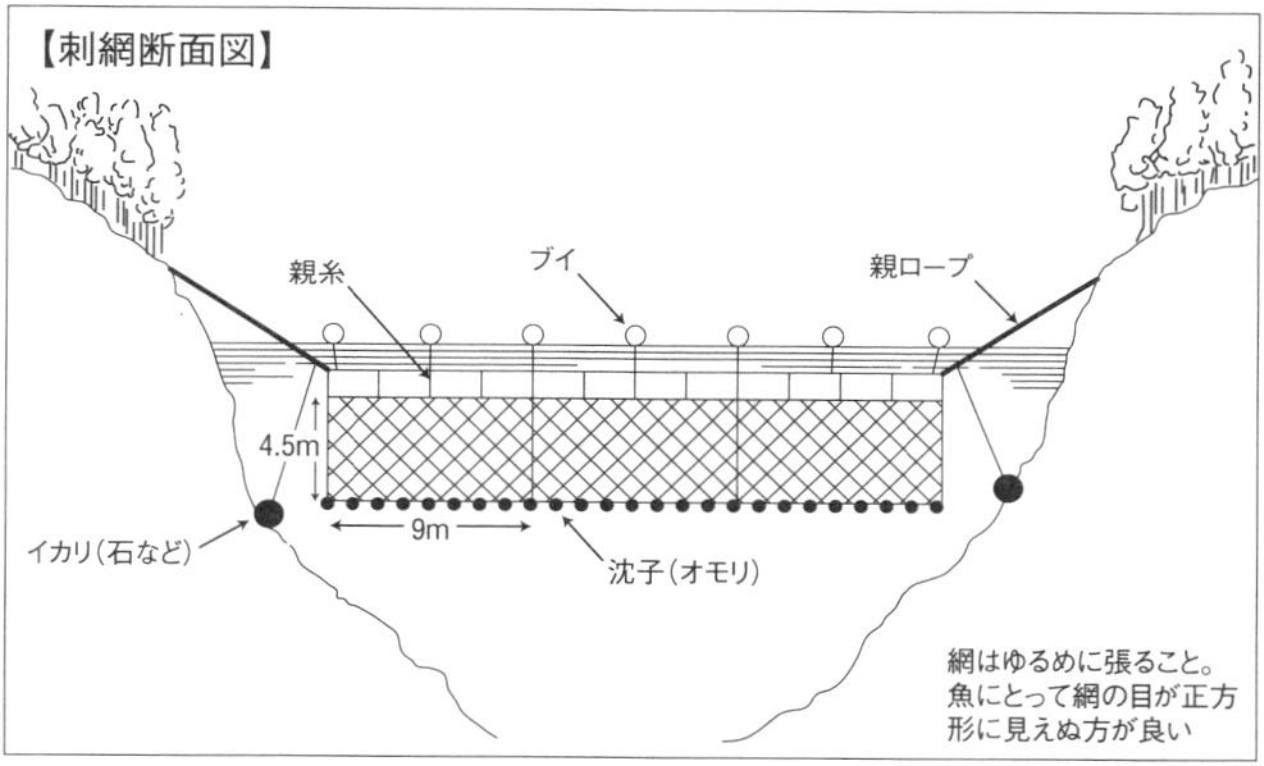

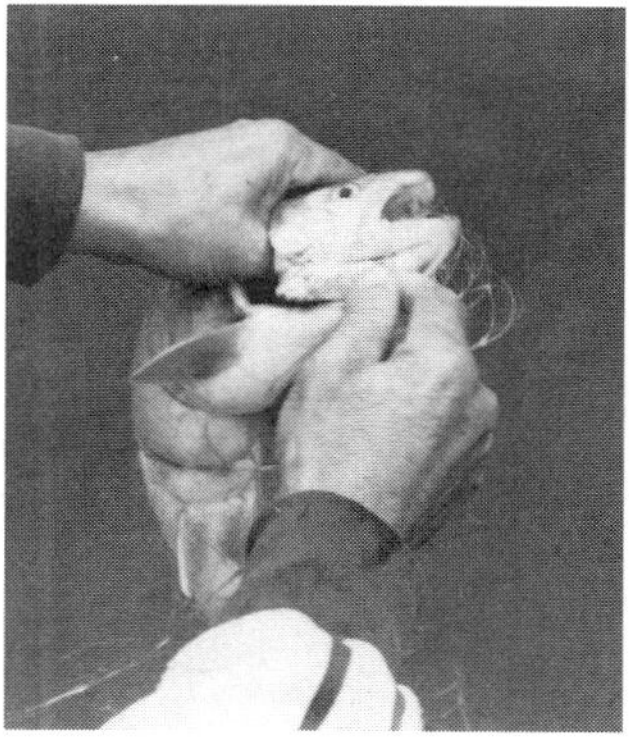

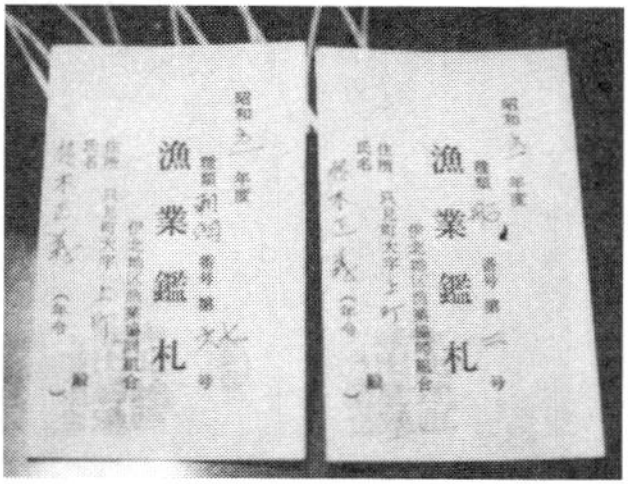

漁業鑑札。左、刺網漁、右、船舶漁業。田子倉湖の刺網漁は、本来旧田子倉出身の人に限定されていた（上）。刺網にかかった大イワナ。もがけばもがくほど網糸にからむのが刺網漁のコツ（左）

見えるのは、湖面に漂う数個のブイと両岸数メートルのロープ、これだけなのだ。しかもこのブイがくせ者で、なかにはブイが壊れたり流されたりすると、代用にあの洗剤の容器などを使う人もいる。こうなるとまさかゴミの下に刺網が……と気づく人は少ないだろう。さらに刺網に魚がかかる時間帯は何時頃が多いのだろう。

「そうだなァ、季節や日並み、とくに水の色（濁りのあるときとそうでないとき）によっても違ってくるが、昼間はほとんどダメで、夜間だなァ。なかでも夕暮れ過ぎと夜明け前、この時間がとくにいいようだ」

鈴木さんのいう夕暮れ過ぎと夜明け前、これはもちろん釣りでいうなら朝マズメ、夕マズメのベストタイム。つまり魚が最も大胆に行動する時間帯だ。きっとこのときばかりは警戒心の強い彼らでも、闇に乗じてワカサギをついつい深追いし過ぎて刺網にかかってしまうのだろう。なおかかった魚の色つやとか鮮度を見れば、その魚が何時頃にかかったものか、おおよその見当はつく。朝方かかって間もないものは、まだ生きている場合が多い。

さて気になるのが刺網にかかる魚種。もちろん、イワナが中心となるのはいうまでもないが、聞いてみるとなかなか意外な顔ぶれの上、田子倉湖の魚変遷みたいなものも窺える。まず現在はイワナとサクラマスが中心で、ほかにウグイとニジマス。まれにヒメマスやコイ、フナもかかる。また今ではまったく姿を見せなくなったが、かつてはウナギのほか、なぜかドジョウもかかった（細くても長ければ刺網にかかる）。山深い奥只見の湖で、しかもドジョウと聞けば誰だって意外に思うはず。が、鈴木さんによればウナギやドジョウはダムのできる前に棲んでいた、その残りではないかという。ちなみに、ウナギもドジョウも刺網にかかったものは、川のそれよりもずっと太くて大型だ。またヒメマスは放流による所産だが、一昨年来放流はしていない。

ついでに刺網で獲れた魚の扱いなどに触れておくと、現在では民宿などを兼ねる人が多く、ほとんどが自家消費分。昨年の取引値は、サクラマスがキロ千五百円、イワナは同二千円。一匹当たりの魚が大きいために、意外と値はかさむ。ちなみに十年ほど前の専業時代には、イワナがキロ八百円で、サクラマスはまだ取引の対象に登場していない。そして当時の卸し先は、主に旅館や料理屋であった。また、川の魚と違ってサイズが大きいため、もっぱら調理は切身として塩焼きやフライ等に用いていた。鈴木さんはときに、同地に伝わるイワナずし（俗にくされずし、麹を加えて発酵させたもの、押しずしともいう）を作る。また時折、湖畔の売店でサクラマスの薫製（甘露煮風）を見かけるが、これとて、まだ田子倉名物の商品化には達していない。

一度は姿を消した大イワナだが……

ところで近年の田子倉湖は、イワナよりもサクラマスの名が高い傾向にあるが、サクラマスはダム完成後しばらくはいなかった（ダム着工の頃の只見川には、すでにサクラマスの遡上は途絶えていた）。近年のサクラマスブームは、十年ほど前から続く稚魚放流の成果。ちなみに昨年の放流は、イワナ四万匹に対しこちらは実に十五万匹。地元漁業組合がサクラマスに力を入れてちょうど三年目になるが、話題になった「田子倉湖のサクラマス異常発生」の報には、実はそんな舞台裏があったのだ。サイズも平均四十〜六十センチに育っているが、普通サクラマスは三〜四年で成魚、といわれているため、それではこの異常発生は最初のピークなのだろうか、と鈴木さんに聞いたところ、

「確かに半日のルアー（釣り）でサクラ（サクラマス）五十本、なんて年は今までにはなかったことだからそうかもしれない。しかし、サクラもイワナもなぜか二年おきにいいなァ」

と興味ある観察を語ってくれた。

二年おきといえば数えで三年目。鈴木さんにもよくわからないというこの現象は、魚にとって、彼の刺網にかかるサイズに成長するまでが三年、と考えたらどうだろう。

ところがこちらのにわか推理をよそに、問題の三年目を迎えると、大も小もイワナもサクラもすべて豊漁というではないか。こうなるともはや我々の想像では及ばぬ、湖の神秘とでもいえそうだ。

近年のサクラマス豊漁は実にありがたいのだが、ひとつ気になるのがかつて「田子倉イワナ」で知られたジャンボイワナだろうか。銀山湖と並ぶ大イワナのメッカといわれた田子倉湖だが、近年はせいぜい六十センチ止まり。七十〜八十センチ級になるとほとんどお目にかかれていない。

昭和四十四年五月、白戸川のワンドで刺網に捕獲された八十二センチの大イワナは時の日本記録であった。当時この魚拓は、ダムサイトにあるレストハウスに飾られ、これを見た多くの人は肝を抜かさんばかりに驚いたものである。

ところが近頃では、でかいイワナを見なくなったという。確かに昭和四十年代、しかも前半の方がイワナは大きく、その頃は結構六十〜七十センチ級も獲れたが、近年の傾向はいったいどうしたのだろう。

月日が経てばそれだけ魚は成長するはず、とは誰もが考えるのが一般論だが、現実はそう甘くはない。一概にはいえないまでも、まず考えられるのが土砂などが堆積して湖の環境が変わったことだろう。しかし、それにも増していえることは、急激に釣り人が増えたことだ。今や増え続ける釣り人に対して、イワナの成長が間に合わない状態なのだ。一見、無尽蔵とも思える広大な湖だが、実は釣り人の増加とともに大イワナは姿を消していたのである。

前述のサクラマスのように、現在はイワナも含めて放流の成果がもろに影響する時代だ。このことにいち早く気づいた同じ奥只見の銀山湖では、大支流の北ノ岐川を永久禁漁区にして久しいが、現在ではそのかいあって、再び大イワナが蘇りつつあるという。これはダム湖に棲むイワナたちにとって湖そのものも重要だが、そこに注ぎ込む川の役割がいかに大切かということだ。つまり彼らにとって安心して産卵を迎え、なおかつ稚魚時代の棲み良い場所が、湖に注ぐ川なのだ。

近年の田子倉湖でも、この問題は深刻だ。ひと頃「会津の秘渓」とか、「イワナたちの聖域」とまでいわれた白戸川が、昨年より数年間（とりあえず三〜五年）の禁漁に入ったのは、実はこんな背景があったからにほかならない。

「そうすれば、またイワナはでっかくなるでしょう」

鈴木さんはそう話すのだが、このときばかりは意外な田子倉イワナの現状を知って、ただうなずくばかりであった。

網をたぐり寄せるとそこには田子倉湖の大イワナが

昨年の九月末。漁期も残り少ないある日、私は鈴木さんの操るボートにのっていた。目的はもちろん秋の刺網漁だ。

「せっかく来てくれたんだから、いくつかかかっていればいいんだが……」

鈴木さんとは久しぶりの再会だ。が、今日の彼の表情はいくぶん曇りがち。それもそのはず、この一週間雨らしい雨がなく、漁は不調そのものという。確かに彼の言葉を待つまでもなく、田子倉湖の水位はずいぶんと低い。どうやら肝心の魚の動きはいまひとつらしいのだ。昨日が一匹、一昨日が二匹。さらにその前はゼロ。この調子でいくと本日はゼロの予想。

「今日はまずいかなァ」

期待を込めて田子倉入りした私はふとそう思ったが、鈴木さんは「イワナはまだ早いようだが、その分、サクラは型がいい。だけど数が出なくてね」という。こうなれば贅沢はもはや抜き。イワナはともかくサクラでもコイでも何でもいい。まずは刺網にかかっている魚を見たいものだ。

朝靄の立ち込める静かな湖面を割って、我々のボートは只見沢のワンドを目指す。

そこは鈴木さんの領分ではないが、すでに仲間が網上げに出ている。まずはその様子を見ようというわけだ。

「いた、いた!」

その人はボートの先端部に立ち上がって、盛んに網をたぐり寄せている。途中でエンジンを止めた私たちのボートは、ゆっくりした動きでその場所に近づいた。しかし鈴木さんは、

「ウーン、だめだなァ、かかってる様子がない」

とひと言。ところがそんな言葉を口走った瞬間に、引き上げられた網に白い魚体が見えたのだ。

「アッ、かかってる、かかってる。魚だ魚!? カメラ、カメラ」

はじめの調子はどこへやら、魚を見ただけで俄然、我々のボートは盛り上がってしまったのだ。ボートから身をのり出してシャッターを切る同行のカメラマン。もちろん私の目も釘づけだ。慣れた手さばきで次から次へとたぐり寄せられた網には、三匹の獲物がかかっていた。近頃では珍しいと聞いていた九寸近いヒメマスと、イワナの尺から尺一寸が二匹。網の目の関係か型はやや小振りだが、イワナが出たことで状況は一気に好転した気配だ。

「イワナが出はじまったとこを見ると、私の方も良さそうだ。うちの網はかかればでかい（網の目が大きいので、ちなみに鈴木さんの網の目は五センチ四方から）でな。さあ行きましょう！」

鈴木さんはいい終わらぬうちに、エンジンのスイッチを入れたが、その横顔は前にも増して輝いていた。

只見沢のワンドを離れたボートは、フルスピードでいったん白戸川を目指す。が、やがて大きく弧を描き、岬を回るとスピードダウン。ボートは鈴木さんの漁場「ジタケ沢のワンド」に着いたのだ。静かな岸寄りの湖面には、まるで両腕をもがれたように数本の立ち枯れた木が見える。なるほどこれは魚にとって、絶好の隠れ家になりそうだ。その手前数メートルの位置に白く漂うブイが刺網の張ってある場所だ。

ボートは再びエンジンを止め、後は惰性でブイに近づいた。ワンドを横切るロープ（水面からは見えない）と平行にボートをつけ終わると、鈴木さんは船首に立ち上がり、手慣れた動作でロープとともに網を引き上げた。両手で網をたぐってはいったん吊り下げて離す。すると離された網は再び元の水中に姿を消す。これの繰り返しだ。つまり網をたぐるごくわずかな動きが、そのままボートを移動させているのだ。そんな仕草に注意深く目を配っていると、突然鈴木さんの声。

「なんだこりゃァ？　イワシっ子だ。アッハッハ、またえらい小さいのがかかったなァ」

といっては手を休めて頭をかき出した。

「エッ、イワシ……？」

すっとんきょうな声は、もちろん私だ。見れば確かにたぐり寄せられた網に、しかもぶら下がるようにして小魚が一匹。山の湖でイワシっ子とは、その姿、形が似るためサクラマスの子に名づけられたものだ。これはほぼ七寸。それにしてもこんなチビがよくぞかかったものだと思ったら、小型でもイワナやサクラマスの歯はギザギザしているため、時としてそこに糸がからんでかかってしまうのだ。

再び鈴木さんの手が動く。もちろん我々の視線は、その手元一点に。

「オッ、今度はでかいゾ、こりゃァ、イワナだ。まだ生きてるゾ」

「エッ、イワナですか。よし！　今度は本物だ」

鈴木さんも私も、もちろんカメラマンののったもう一隻のボートも、これで一気に活気づいた。フワーッと浮かび上がってくる魚体はまさに白い物体。体に巻きついた網は、イワナにしてみれば四肢を止められた感がするだろう。これは釣りのイメージとはだいぶ違う。このイワナは生きてこそいるが、もはや抵抗する力はないようだ。

固唾をのんで見守る中、最後の網に田子倉イワナが浮上した

鈴木さんは一重、二重と巻きついた網をほぐし、私の手にそのイワナを渡してくれた。ずっしりとした重量感はやはり湖に棲むイワナならではの感触だ。しかも五十センチ近い大型だ。

結局、この朝の獲物は四十八センチのイワナと番外のイワシが一匹ずつ。不漁の上にイワナはまだ早いと聞いていただけに、このイワナは上出来といえそうだ。きっと私たちがあまりにイワナ、イワナと騒ぐものだから、昨日までのサクラマスは遠慮して、遠来の客に田子倉イワナが顔を見せてくれたのかもしれない。

船着き場へ戻ると、上流の網上げから帰った人が五十センチ近いサクラマスを上げていた。こちらはオス。そろそろ婚姻色が目立つ魚体であった。ところが先ほどの人同様に、この人もまた「良かったらどうぞ」といって、我々にこのサクラマスを進呈してくれた。けっして魚をいただいたからいうわけではないが、漁をする人もまた湖で行き会った釣り人も、田子倉で出会った人たちは皆気さくで気持ちのいい人たちばかりであった。

刺網は翌朝もう一度見学することにして、小休止の後、マイタケのつき場や湖に注ぐいくつかの沢を案内していただいた。そして我々を驚かせたのが、ある沢での出来事だった。その沢は早くも湖との出合から廊下と岩場を迎え、もしこれ以上の水量になればとても遡行どころか危険を感じる悪溪だった。が、鈴木さんはこの沢筋にゼンマイ採りなどに利用する自分だけのルートを持っていたのだ。

「釣れるかどうかわからないが、気の早い奴はもうのぼっているでしょう。あの淵です」

指差す淵を覗けば、何と四～五メートルの滝を目がけて、飛び跳ねているのもいれば、早くも淵尻の砂利を掘っているものもいる。この光景にはただ唖然とするばかり。が、今回の田子倉行きに際して、季節も良く、湖から遡上した超大物にかすかな期待を抱いていた私は、早速三間半の長竿に二号の通し、鉤は海釣り用の伊勢尼十二号を結んで挑戦だ。

ところが、四十～五十センチ級のイワナやサクラマスの群泳をよそに、釣れる相手は尺前後のチンピライワナのみ。目指す大物は、食い気よりも己の恋路で忙しい様子だ。それでもなお腰上まで立ち込み、竿先に全神経を注ぐ。カメラマン氏もカメラを顔にくっつけ、今か今かと固唾をのんでいる様子。ところが二人共、

「やめた、やめた」

「よそう、よそう」

と間もなくこの淵での対戦を辞退。大物を目のあたりにしての我々の試合放棄にも

似た理由は、なんと滝に向かって飛び跳ねる数匹の中に、とんでもなくヘタな奴がいたからだ。そいつはひと際目立つ六十センチあまりの大イワナ。飛ぶときはロケット弾のように勇ましいのだが、着水が実にお粗末。仰向けのまま真っ白い腹を見せ、ドボーンと落ちる始末なのだ。それも一度や二度ならず、何回も……。

大物こそ釣れなかったが、爽やかな気分で釣り竿をしまえた私は、後は皆と一緒に岩畳に腰かけ、イワナの滝のぼり見学と洒落込んだ。

「沢のイワナは滝のぼりがうまいが、湖のイワナは下手だからなァ」

鈴木さんの話である。

さて今宵の膳は、ヒメマスの刺身にサクラマスの炭火焼き、イワナは塩焼きと唐揚げで、マイタケはもちろんお汁にご飯と天ぷらだ。これに酒があって鈴木さんの山語りもつく。夜の更けるのも忘れ、我々はついつい飲み過ぎてしまった。

そして翌日の刺網には、抱卵したサクラマスの四十五センチが一本、幸いにも網による傷跡は少なく、銀白に輝く魚体はまぶしいほどだった。

鈴木さんのおかげで貴重な体験をした二日間はアッという間に過ぎた。桟橋にたどり着き、振り返って大きな背伸びをすれば、今我々が走ってきたボートの航跡が一条の筋となって光る波間に印されていた。小さく遠く見えるのはあの刺網のブイだろうか。
広大な湖に挑む刺網漁は、実に豪快だ。
西日を受け、キラキラと輝く湖は、やはり神秘的であった。

〈文庫版付記〉
田子倉湖における刺網漁の許可申請は、現在一名のみ。鈴木さんによると、鳥害（ウ、アオサギ等）、外来魚（ブラックバス）の影響は甚大で、広大な湖ゆえ限られた人員での駆除ならびに保護は、とても追いつかないのが実情とのこと。

山椒魚と半世紀

「栃の花が咲けば、サンショは盛り」

ちょうど梅雨の頃、青葉若葉の山合いに白いトチの花が咲くと、サンショ、つまり山椒魚の漁が最盛期を迎える。

福島県の南会津、檜枝岐から舘岩村にかけた地方では、古くから山椒魚漁のはじまりをこのような花言葉でいい表わしている。その年によって多少の早い遅いはあったとしても、この花の咲き具合を見た漁師は「どれ今年もそろそろはじまりだんべ」と道具の手入れや山籠りの準備に余念がないし、また里住まいの人もやはりこの花を見て、「今年も山ではサンショ捕りがはじまったんべ」と声をかけ合ったりする。

人里離れた山間の、粗末な小屋にモクモクと白い煙が立ちのぼると、この漁はまさに佳境。最盛期になれば漁師は午前中は沢見に、午後は燻製作りにと、それこそ寝る暇もないほど忙しくなる。もちろんピーク時には村へ帰るどころか、夫婦そろってこのサンショ小屋に寝泊まりする。

この山椒魚漁は六月から七月の梅雨の季節に行なわれるが、その理由はこの時期になると、普段山にいた山椒魚の親が産卵のためにいっせいに沢へ入るからだ。「イワナは産卵に沢サのぼってくるが、山椒魚ってェ奴は、反対に沢サくだるだナ」ある漁師から聞いた話だが、漁師はこの習性を利用して、「ズー」と呼ばれるウケで山椒魚を捕り、主に燻製などに仕上げて商品にしている。まずは、あまり知られていない山椒魚の生態について触れておこう。

水陸の両方に棲むことのできる山椒魚はカエル、イモリと同じ両生類。姿、格好は田んぼの細流などに棲んでいるイモリに近く、日本にはおよそ十種類あまりの仲間がいるそうだ。たとえば井伏鱒二さんの小説『山椒魚』に登場するのは、主に中部以西に生息する「オオサンショウウオ」のことで、これは周知の通り、特別天然記念物に指定されている。

一方、我々が釣りの折々によく見かける山椒魚、たとえば川虫採りの際に虫と一緒に紛れ込んでくる愛嬌者とか、時にイワナの腹の中から出てくるものは同じ山椒魚の中でも最も高地に生息する「ハコネサンショウウオ」の子供であることが多い。ちなみに山椒魚の幼生時代はあのオタマジャクシ同様、エラ呼吸をするため水中の生活が中心だが、成魚すなわち親になると、今度は皮膚呼吸に変わって陸での生活（といっても湿地など）が主になる。加えて、ハコネサンショウウオのように肺がなくて皮膚呼吸をするものを、無肺動物というらしい。

また、意外に知られていないのがハコネサンショウウオの産卵行動だ。キャリア数十年のベテラン漁師をはじめ、その道の研究者の間でも、山椒魚の産卵は夜間に沢に入って集団行動……、そのあたりまでは想定しているが、実際にこれを見た者は少ない上に産み落とした卵もめったに見ることはできない。その卵だが、普通山椒魚の卵といったら、例のカエルの卵を三日月状にしたものと思いがちだ。しかし、これは最も低地に生息する「トウキョウサンショウウオ」のもので、ハコネサンショウウオの卵となると、釣り餌に用いるイクラを少々小振りにした黄色い卵、それも四、六、八、……と偶数の粒、これもまたあまり知られていない山椒魚の生態のひとつだ。このように山椒魚の生態には、まだまだ謎の部分が多い。

会津檜枝岐の山椒魚漁史

檜枝岐に住む星寛《ゆたか》さんは今年六十一歳。雪深い冬には銃を片手に獣も追うが、何よりも星さんは当地に伝わるワッパ作り（曲物）の第一人者である。また季節になれば、本格的に山に入って山菜やキノコも採り、つい十年あまり前まではイワナ釣りでも毛鉤の名手であった。

ズー（筌＝ウケ）にかかった山椒魚。ズーには節が低く滑りやすいスズ竹を使用。らせん状に組むため、脱出は不可能

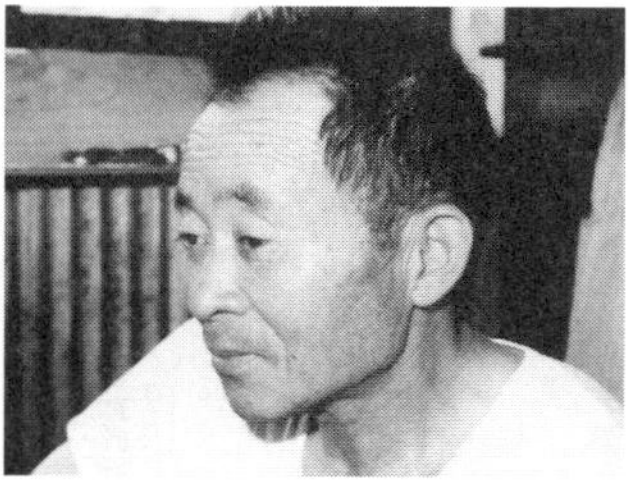

山椒魚漁50年の星さんは親子2代の専業漁師（上）。山椒魚を捕るズーは小沢の源頭付近の連瀑帯に仕かける（左）

その星さんの山椒魚漁のキャリアはそろそろ五十年近くになる。もちろん現在も現役山椒魚漁師の最古参。数名いる仲間うちで、星さんは一目も二目も置かれるベテランだ。

星さんと山椒魚との関わりは、まず父の富吉氏（昭和五十七年に九十三歳で他界）から話さなくてはならないだろう。星さん親子は、この村でも珍しい父子二代にわたる山椒魚の専業漁師だったのだ。

富吉氏が山椒魚漁をはじめたのは、大正末頃のこと。やはり山に精通していた彼は、あるとき、村はずれの舟岐川ですでに県境尾根を越えて入っていた栃木県の川俣の漁師（小松ミノ吉氏、舟岐川で小屋をかけていた）から、山椒魚捕りのコツを教えてもらい、後に同じ檜枝岐川の支流、見通沢で山椒魚漁をはじめ出した。これが檜枝岐における山椒魚漁のはじまりだったのだ。

以後、山の生活において貴重な現金収入になる山椒魚漁はアッという間に村中に広まり、ひと頃は檜枝岐だけでも三十〜四十人もの漁師がいたという。これは昭和十年頃の話で、喜多方にある「高橋半四郎商店」は南会津一帯の山椒魚を集荷し、遠くは中国にまで輸出した。しかし、これは昭和十二年の日中戦争（支那事変）で中断、その後は漢方用に同商店を経て富山方面とか、東京は浅草の老舗「蛇善」が取り扱った。

また漁の方も、とても檜枝岐川の支流筋だけでは間に合わず、なかには遠く大津岐や袖沢など只見川方面に入漁した人もいた。なお、川俣から檜枝岐に広まった山椒魚漁誕生の話にはもうひとつ、昭和十年頃に川俣の政次郎漁師云々（この人は星さん同様の親子二代、子息は茂氏）という説もあるが、どうやら星富吉氏の方がより古くて正統だったようだ。加えて山椒魚漁は、今まで栃木県の川俣が発祥地といわれて久しいが、実際には同じ県下の日光が最初のようだ。

その根拠については、今でも檜枝岐の古老の多くが山椒魚のことを、「サンショ」または、「サカナ」と呼び、さらに「シラネ（白根）サンショウウオ」なる呼称も用いている。それは漁とともに以前、川俣の人たちから教えてもらった名前であった。この呼称はつい最近まで、川俣の人たちも使っていた。

その語源のシラネ（白根）とは日光の金精峠に近い白根山のことで、星寛さんが漁をはじめて間もない頃は、東京の研究者が彼を訪ねた折に、ルーツを求めて日光〜川治の順に歩いてきたと話したそうだ。つまり、呼び名とともに日光ではじまった山椒魚漁が、そのまま川俣に伝わって南会津に広まったのが、経緯といえる。もちろん、これは会津のみならず川俣の人たちも、まだ学名のハコネサンショウウオの名を知る以前の話である。

しかし、現在では発祥地である日光方面の漁がまず姿を消し、ひと頃本場といわれた川俣方面でもわずかに川俣ダムの下、野門《のかど》の村に一名いたが、この人は近年老齢のために漁はやめたらしい。本格的に漁をしている人は湯西川の一名だけが数えられるが、近頃では自然食ブームの反映か新たに男鹿川でも漁をはじめた人がいるとも聞く。これは檜枝岐でも同様で、前述のように三十~四十人もの漁師がいた時代もあったが、今では見通沢に一名、舟岐川に三名、実川に一名、大津岐川方面では七月から一名というように、計六名だけである。また同じ南会津の舘岩川水系では、つい最近まで西根川に一名、湯ノ岐川に二名、鱒沢川に一名いたが、現在では西根川と湯ノ岐川の各一名になってしまった。

現代に生きる山椒魚漁

話がそれたが、檜枝岐の山椒魚漁の先駆者であった富吉氏は、前述の見通沢のほか、下の沢や舟岐川にも漁場を広げて活躍することになった。寛さんが父に見習い、手伝いをしたことはいうまでもない。しばらくは親子二代の漁をはじめ、一家総出のこともあれば、なお忙しいときには親戚の手も借りたほど。この頃は多いときに一日、三千匹。梅雨時のほぼ一カ月では、三万~五万匹の収穫があった。ちなみに村全体でも、多いときには三十万匹もの山椒魚が水揚げされた。昭和三十七年、七十三歳で富吉氏が第一線を退いた後は息子の寛さんがそのまま漁場を受け継いだが、三本の川を見て回る不便さから、その後は見通沢の漁場を知人に譲っている。

ここで山椒魚の漁場について記しておくと、ある沢で最初に漁をはじめた人がその沢での権利を持ち、その権利はその人が放棄しない限り永久的だ。たとえば星さん親子のように二代に及ぶ沢は、その間、他人が断わりなしに入り込むことは許されない。したがって漁師の間では、暗黙のうちに双方相踏み入れぬことになっている。しかし、何らかの事情で伺いを立て、承諾を得た場合には、そこは同じ村に住む者同士、お互い譲り合い、助け合っている。

とくに昨今は、開発による森林伐採で山椒魚の棲む環境も悪化の一途をたどっている。昔のように、ここは俺の沢だ……といい張ってばかりもいられない。なお漁に際しては、特別な漁業組合等の鑑札制度はないが、国有林の場合には営林署の入林許可証が必要だ。

さて、昨年の六月中旬のこと、私は寛さんのサンショ小屋を訪ねることにした。実は彼の小屋を訪ねたのは今回がはじめてではない。私が埼玉県の入間市で、山の幸やら渓の幸を提供する店を出したのが今から十五年ほど前のこと。星さんが渓をのぼり、この小屋で丹精込めて作ってくれた山椒魚は、わが店の開店以来からの人気者（?）でもあったのだ。

その寛さんのサンショ小屋は、舟岐川の支流左惣沢を入って間もない高台にある。小屋脇の草むらには、あたり一面に、握り拳を突き上げたようにたくさんのワラビが生えていた。小屋から立ちのぼる煙はない。鍵のかかっていない戸を開けてみたが、中に人影は見当たらない。火の消えた囲炉裏の火棚には、すでにアメ色に仕上がった山椒魚の串刺しが整然と並び、まさに見事のひと言。まるで山椒魚の集団ミイラ（?）である。どうやら今年も漁は好調の様子だ。おそらく近くの沢にでも出かけているのだろう。彼の帰りを待つ間、車の中でひと休みと決め込んだ。

ふと目覚めると、左惣沢の谷間には、あたり一面、サンショ小屋から立ちのぼる煙が広がっていた。星さんの小屋は、間口がおよそ一間で奥行が二間あまり。入口に対して奥に炉を設けた小屋を、当地ではムコウジロ（向地炉）と呼ぶが、彼のサンショ小屋もほぼ同じつくりである。この小屋を建ててからすでに数十年も経っているが、名にしおう当地の豪雪にはさすがの小屋も耐え切れず、過去、何度かの建て替えやら修復をしている。また一坪ほどの土間の向こうにはちょうど二組分の布団が敷ける居間もあり、小屋前には左惣沢から引いた水が勢いよく流れている。ここで星さんと共に昼食を済ませてからの滑稽な話をしよう。

食べ終えた食器を樋から落ちる囲い、つまり洗い場に入れたところ、底に沈んだ白い茶碗の上を突然、ツ、ツーと魚影が走ったのだ。その正体はあわてて隅に隠れたつもりの姿を覗くまでもなく、唐揚げサイズピッタリのイワナちゃん。私は思わず、

「星さん、これなら晩酌の肴には事欠きませんね」

と笑ったが、

「何間違うだか、イワナの奴、よく来んだなァ、これが……」

と苦笑している。星さんはこのイワナをそっと捕まえるや、元の流れに帰したが、その仕草にはあのやんちゃ坊主を扱うような雰囲気があふれていた。

また、この囲いの落ち口には大きなポリ容器が置かれており、この中には生ゴミか漬物でも入っているのかと思ったが、星さんがそのフタを取り上げて驚いた。ポリ容器の中には、重なり合いひしめき合ってうごめく山椒魚が、その数およそ数十、いやいや百や二百はいるだろう。黒いのもいれば茶色に灰色、そのほかマダラ模様に傷ついたもの等々と、いやはや大変な数である。一匹の山椒魚には何ともいえぬ可愛らしさも感じるが、ここまでの数ともなれば話は別。

星さんによれば、この山椒魚は今日の午前中の収穫というし、それぞれの個体差は

棲んでいた場所の違いである。またやけに尻尾の長いもの、たとえば体に比べてそれ以上に尾が長いものは、少なくとも十年以上は生きているという（山椒魚は四〜五年で親になるといわれている）。なお、この山椒魚はまず付着したゴミなどを洗い落とし、弱い塩水につけて締め、次の工程へと進めていくが、大切なのがこの締め加減。

強い塩水にはすぐに死ぬが、これでは仕上がりの格好が悪いばかりか、分泌液（星さんによればチュウインガムのようなヤニというが、これは雄雌両方から出るとのこと）を出して、身が痩せ細ってしまうのだ。したがって山椒魚には気の毒だが、ひと晩程度の自然死、この姿が最もいいようだ。

「それじゃ、そろそろ沢見に行きますか」

と声をかけられた私は待ってましたとばかり支度を整え、サンショ小屋を後にした。

秘蔵の沢の山椒魚漁見聞

目指した沢は、左惣沢よりもやや上流の同じ舟岐川の支流。水量こそ小沢のイメージだが、本流との出合はまるで稜線に突き上げるような滝だ。星さんはこれを尾根回りルートで越えた。

ようやくたどり着いた滝上は、まさに別天地。予想以上の水量を擁し、階段状の淵

はまるで絵に書いたイワナの好ポイントだ。そんなことに気がかりな私を見てとったのか、

「何度かイワナ放したっけが、釣りする人はこんな所まで見つけるなァ」

とひと言。連なるイワナの棲む流れを足早に通り過ぎ、やがて、「イワナが終われば後は山椒魚だけ……」。実際そんな言葉がピッタリする水域に至って、ようやく流れを前にして腰をかがめた。指し示す滝頭の狭間には、ズーと呼ばれるウケが飛沫を浴びて見え隠れしている。流れに対して上向きにしたズーの入口には、山椒魚はもとより流下する葉っぱなどもうまく入る寸法だ。また何かの拍子にこのウケが流れ落ちないよう、ウケの下側には支えの木も組まれている。

すでにスズ竹の隙間には、脱出を試みようともがいている山椒魚の姿も見えるが、星さんによれば、流れくだる水勢に負けてこれは山椒魚の徒労に終わるようだ。引き上げたウケを傍らの岸辺で、トントンと叩くと一匹、二匹、いや十匹近くの山椒魚がムズムズと動き出したり、なかには星さんの目を盗み、スタコラサッサと逃げ出す始末。星さんはそんな輩から捕まえるや、肩から下げた手拭いで作った袋に入れて、再びウケを仕かけ直すのだ。なお、このウケの中には山椒魚のほかに予想外の獲物(?)、たとえば普通のカエルにガマガエルなどはまだいい方で、時にはツチムグリの

ような小型のヘビ、またはカワネズミに山の地ネズミ、なぜかカワガラスなども入っていることもあり、時々彼を仰天させることもある。

こうして源頭近くの幾沢にもウケを仕かけ、それを見て回る作業、これが山椒魚漁だ。多い人はひとつの沢に六十個あまりのウケを仕かけるが、星さんはその半分しか仕かけない。その理由は、ウケを多く入れれば確かに収穫も多いが、これだと根絶やしになる恐れがあるからだ。星さんは「早生《わせ》の沢」「晩生《おくて》の沢」と表現していたが、沢によって漁の早い遅いを見極めた上で、このぐらいの数のウケなら毎年大丈夫と判断している。長い経験からひとつの沢でおよそ二千匹、これが限度でそれ以上捕ると、必ず後の漁に響くとつけ加えていた。

その沢もやがてほの暗い原生林の中に入り、高さが十メートル近い滝が連なり出した。今日はイワナ釣りの気構えがないせいか、とてもこれを越えようとは思わない。が、星さんはいたって平静に、「じゃ、ここで待っててくださいナ」というなり、さっさと目もくらむような壁に取りついた。それはまるで山椒魚のような粘着力、とでもいったら失礼だろうか。

帰りを待つ間、いただいた二匹の山椒魚と戯れつつ、ふと進化を忘れたようなこの生き物は魚とこそ名のってはいるものの、魚を超えた魚なんだろうナ、と思ったりし

山椒魚を燻製に仕上げる前に、星さんは沢沿いに自生するイワスゲを束ねて台にする。当地ではこれをサンダワラと呼ぶ(左)。漁へ向かう星さんの後ろ姿。山椒魚漁はイワナの棲む世界を越えた源頭が舞台(下右)。サンショ小屋の中。火棚の山椒魚は、一昼夜焙ったものだ(下左)

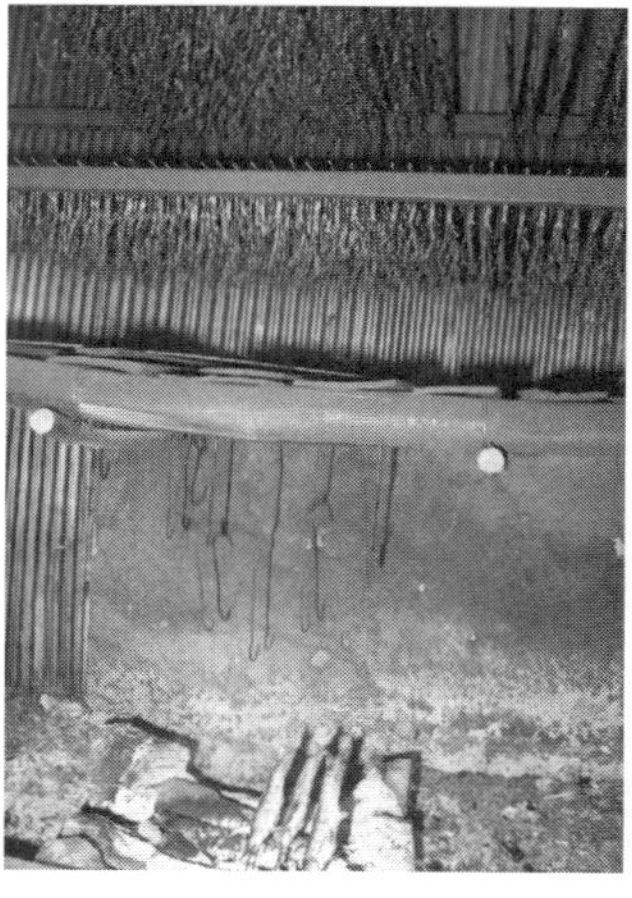

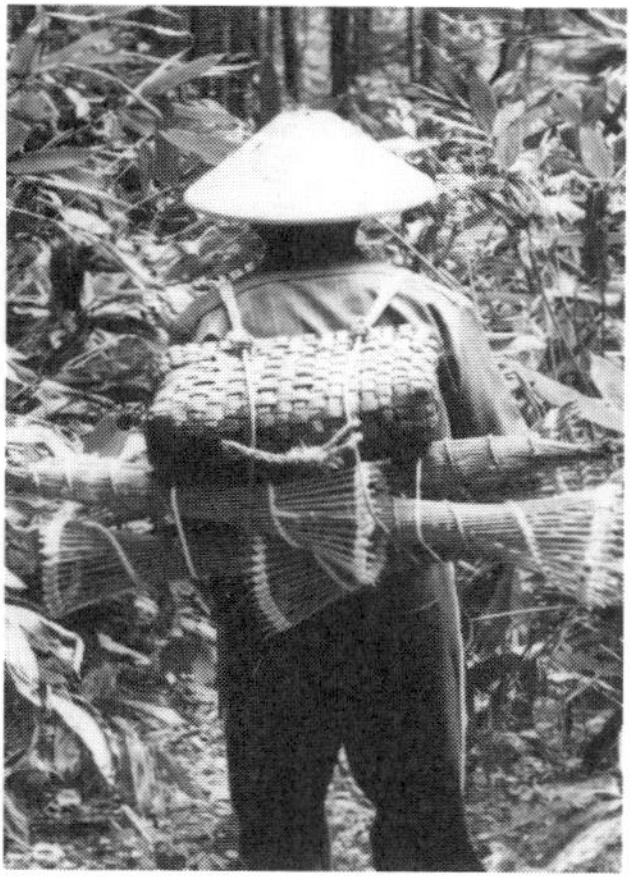

た。それは以前に星さんから聞いた話だが、毎年梅雨明け寸前には大雨が降るのが普通だが、そんなとき山椒魚はパラつく雨の前には、すでに沢から山へと向かうらしい。その必死で懸命な姿には、星さんもただ単に予知能力といった言葉だけでは片づけられない、何か神秘的なものを感じるそうだ。なお、こんなときにパラついた雨は必ず増水して濁流になるという。

サンショ小屋に帰った私たちは、まず炉に火をつけ、さっそく燻製作りに取りかかった。昨日まで手伝っていた奥さんは、今日は用事があって村へ帰ったという。雄雌十四ずつをひと串に仕上げる作業などは、たいてい女衆の仕事。

その手順は、前記の自然死した山椒魚の目と目の間の頭部、これに串を刺し、囲炉裏の火棚にのせる。燻製は、沢グルミやシナの木の生木を主に、ほぼ一昼夜かけている。昔ながらの手法で仕上がったものは、現在出回っているストーブ乾燥に比べ、色つやはもちろん、虫とかカビもつかず長期保存に耐えるのが特長だ。

さらに商品とする場合には、雄雌十四ずつをひとまとめにするが、まるで手榴弾のようなその格好は、バラ(一匹ずつ)で扱うのと違って身を傷めないための知恵でもある。そして串にはウケと同様にスズ竹を用いている。これは当地に自生しないため、主に栃木県の栗山村から入手しているが、スズ竹は地竹に比べて節高が低く、節の数も少なく、とても使いやすい。またズーと呼ばれるウケの語源は、「ザァー、ザァー」と水を通す意味の当地の訛り言葉である。このウケを作るときのヒモや山椒魚を手榴弾形にまとめるヒモは、かつては丈夫なサラモ（山ブドウの樹皮）とか湿りやすくて乾きの早いニレ（ニレダモ）の樹皮を使ったが、現在では水に強く便利なナイロンを使う人が多い。

小屋を後にして、檜枝岐のある民宿で星さんと共に囲んだ夕餉の膳にはもちろん山椒魚が登場した。これは生を天ぷらにしたもので、ひと口かじってみれば、フム、かすかに口の中で漂うものはあの山椒に似た香りだろうか。が、どちらかといえば、ほくほくとした卵の方がうまい。

一方の星さんは、どうも可哀想で食べる気になれない、と箸をつける様子はなさそうだ。何だかわが子の変わり果てた姿を見るような、始終そんな眼差しでいたが、片や同席した若いカップルに至っては、

「キャー、やだやだ、気持ちわるィ」

「あっちの方にイイだとヨ」

と騒ぎ出す始末。無邪気な会話をよそにこの道半世紀の男と私は、なぜか無言だっ

た。

昔、山村に薬がなかった時代には、山椒魚はカルシウムが多く、それこそ精がつくとばかり、結核とか肋膜、さらには癇の虫から夜尿症等々と、様々な病の薬としてずいぶん愛用したという。現在でも山椒魚のホルモンを抽出して、成長遅れの子供に投与すればその子の成長は良好になるという話もあるくらいだから、山椒魚は山村の重要な薬だったのかもしれない。

毎年、星さんの小屋には医大の先生はじめその道の学者さんもやって来て、数多くの山椒魚を持ち帰り、研究材料にしている。

星さんは次代の人たちも変わりなくこの漁が続けられることを願いながら、自分が捕った山椒魚が少しでも世の中の役に立ってくれることを望んでいる。

〈文庫版付記〉

当村にて、現在山椒魚漁に従事する人は、舟岐川二名、見通沢二名、七入沢一名の計五名。年齢は四十~六十歳代。ひとり当たりの漁獲量は、二千~五千匹、全体で二万匹ぐらい。なおズーには、スズ竹に代わり口径十~十五センチのエンビのパイプに、ナイロン製の網袋等を取りつけた筌を使用。村内にサンショ小屋はない。

伊那谷の虫踏み漁

イナゴにハチの子、黒川虫。さらにカイコやサナギ、加えてあのゲンゴロウに毛虫やカマキリ、ゴト虫（ナラの木にいる鉄砲虫）とくれば、何だか釣り餌の話でもしたくなるが、実はこれ、すべて人間の食べ物の話。もちろん、これらはかのヤマメやイワナの大好物でもあるが、ここでは彼らの上前をはねて食す（?）信州は伊那谷の人々が主役だ。

俗に「伊那の如何物食《いかもの》い」とか、「伊那谷の下手物趣味」などと呼ばれるこの地方の人は、確かにほかでは食さぬものを好む傾向がある。その辺の事情は後述するとして、如何物食いとは常人の食べない物を好んで食べることを指し、下手物好みとは一般の人が顧みない物をあえて好むことをいう。

当地の人にこの話を持ち出すと、たいてい「はなはだ迷惑、不名誉です」との答えが返ってくるが、そんな口調の割に怒った顔は一度も見たことがない。結局、世間の評は気になるが、やはり「うまい物には勝てんズラ」が、どうやら本音である。たとえば、

「イナゴやハチの子は、甘く煮るといいに。青虫（黒川虫）も同じ。ゲンゴロウはちょこっと煎って煮るが、煎るとき焦がさないことがコツ。そりゃ、芳ばしくってなかなかうまいもんだ。

毛虫なぞ、お湯をかければただの裸虫になるし、なんたってうまいのがハチの子ご飯にザザ虫ご飯。どんぶり飯に虫を振りかけ、残ったお汁（煮汁）もかければ、もうおかずなんか、何にもいらんズラ！」

しかし、はじめての人はあまりの珍しさに驚いて、箸も進まないのが普通だが、これが意外にも慣れるとうまい味がするから不思議だ。ところが多少慣れたはずの私でも、酒の肴やおかずぐらいならともかく、さすがに「振りかけ風混ぜご飯」となると、やはり修業不足（？）は否めない。とても地元の人のように、「ハイッ、お代わり！」とはいかない。

ところで数ある珍味の中でも、これぞ伊那谷を代表するものとなると、天竜川で捕るザザ虫こと黒川虫だろう。

ザザ虫とは、川の流れがザァー、ザァーと流れる浅瀬に棲む虫の意味だが、私たち釣り人に縁の深い、アレである。が、縁の浅い人のためにもう少し説明すると、水中の石をひっくり返すと、クモの巣に似た糸で小砂利を寄せた巣から、ムズムズと動き

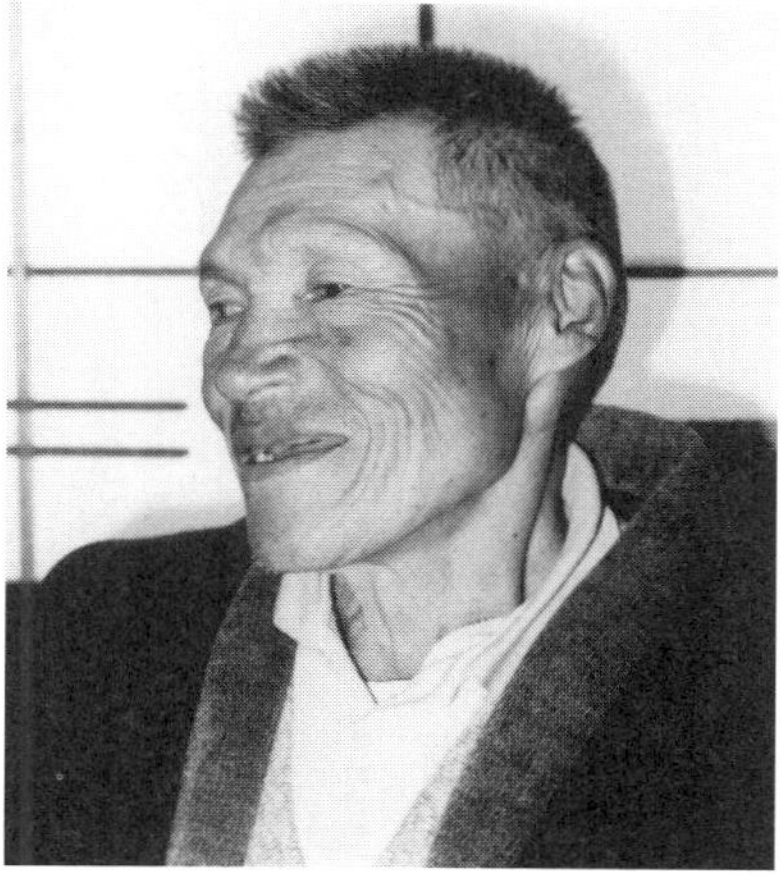

「俺ァ、川が好きで」と語る杉本さんは、伊那谷漁師の最古参(左)。天竜川の虫踏み漁は、当地の冬の風物詩。「網に虫がいっぱいくっついてるとたまらんズラ」と杉本さんが笑う(下)

出す青黒い虫。正式名を、ヒゲナガカワトビケラの幼虫と呼ぶ水生昆虫だ。学名には、とかく難しい名前が多いものだが、要するに川虫のこと。

当地ではこれを青虫と呼んでいるが、関東では黒川虫。関西や東海地方になると、エムシ（餌虫の意）とかアミハリムシ（網張虫）と呼ぶ所もある。また古くは、その姿や形からイサゴムシとも呼ばれ、砂子虫や石蚕虫の字も当てられた。

さてザザ虫とは、何だ川虫のことか、などと侮ってはいけない。なぜなら伊那地方では「正月料理には欠かせぬご馳走」というし、今や百グラム当たり二千円もする高級珍味である。しかもその特殊な漁とともに、大変興味深い話題も多い。

天竜川の自然の変遷とザザ虫

現在のザザ虫は、この黒川虫とヘビトンボの幼虫（地元でマゴタと呼ぶ）の孫太郎虫が主体である。とはいっても孫太郎虫は、時々黒川虫に混じる程度で量は非常に少ない。

昔は、カワゲラ類、通称「鬼チョロ」をザザ虫と呼んでいたが、現在の天竜川でその姿を見ることは少ないようだ。アマゴ（当地ではアメノウオ）やイワナの棲む支流筋には、当然、鬼チョロも生息するが、支流筋の環境ではとても漁の対象にはならない。

それではなぜ、天竜川から鬼チョロが姿を消して、黒川虫になったかといえば、これはどこの川でもいえることだが、まず水質の低下、つまり川の汚染をあげる人が多い。たとえば、

「天竜川の水源、諏訪湖の水が汚れたから本来のザザ虫がいなくなり、青虫が増えた」

などという説である。

確かにかつての天竜川には、カジカを専門に捕る人もいれば、ウナギ漁もあった。また天竜川を根城とし好期には支流筋に遡上し、地元で「天竜差し」と呼ばれた大アマゴ（拙著『山の魚たちの午後』の「天竜差し」に詳述）も、釣り人を魅了していたが、今やかつての天竜名物たちは、影も薄くなったのが現実だ。

このことから見ても、川の汚れや環境の変化は否めない事実だが、川虫の生態には、もうひとつ興味深い話がある。少々長いが要約して紹介すると、

「大水が出ると川瀬の石はひっくり返されて川虫は一掃されるが、支流などに残ったものが元になって回復してゆく。まず石面を走る滑行型カゲロウ類（筆者注、通称カメチョロなど）とカワゲラ類（同、鬼チョロなど）、また巣と共に移動する携巣型トビケラ類（同、黒川虫など）の幼虫が姿を見せ、ついで造網型トビケラ類の幼虫がふえる。（中

略）

『あみばり』が定着されると、移動性の川虫にはそれを破る力がなく、行動圏は残された狭い石面に限られ、衰退する。造網型トビケラの中で、まず勢力をえるのは石面に網をつける小型のシマトビケラである。次に、石と石との間に大規模な網を張りめぐらす大型のヒゲナガカワトビケラが優勢になるが、こうなると取って代わりうる種類はなく、その優位が確定して、動物相は安定し、（中略）単位面積あたりの川虫の総重量は極大となる」（『淡水の動物誌』所収「川虫の自然更新」・宮地伝三郎著）

またザザ虫漁をはじめて五十年、今や伊那でも最古参の杉本竹司さんによれば、

「大きな秋台風があれば、虫は不作ズラ。けれどそんなときには、珍しく昔のザザ虫（鬼チョロ）も網にくっつく（入る）が、一～二年も川が荒れなんだ、みんな青虫になって、虫は豊作ズラ……」

このことから見ても、川も適当に荒れることが、川虫のサイクルを保つのに都合がいいようだ。戦後、そして昭和三十年代と、順次代を重ねるごとに天竜川から鬼チョロが姿を消したのは、周辺の開発（汚染）に加えた河川の改修（護岸工事など）により、「暴れ天竜」が、昔のように暴れ（荒れ）なくなったからでもある。

「味は今の青虫の方がうまいに、昔のザザ虫は何だかカスっぽかったズラ」

杉本さんの話である。

この道五十年、杉本さんの虫踏み

さて現在、伊那市の郊外、西春近に住む杉本さんは東伊那の大久保出身で、大正七年生まれの七十一歳。杉本さんは昭和十年頃より冬の間はもっぱら虫捕り、地元でいう「虫踏み」に専念している。

杉本さんが虫踏みをするようになったのは、父の一吉氏（故人）によく連れていってもらったのがはじまりだ。ただし、その頃の大久保の村はおよそ四十戸の半分以上の家が、食用と副業を兼ねて冬になるとこの虫踏みに専念したのだ。

「俺ァ、川が好きでナ」

と笑う杉本さんだが、昨年で勇退した漁場監視員の役は二十年以上に及ぶ。またかつてのウケ（筌）漁をはじめ、アユ釣りや投網など、今もって現役の杉本さんは、いわば「天竜川の主」のような人である。

杉本さんとの縁は、よくある一釣り人と監視員といった間柄だが、はじめてお会いしたのが当地に中央高速のできる前のことだから、もうずいぶんと古い。もちろん私がはじめてザザ虫を食べたのもこちらでのこと。またザザ虫を知らなかった頃には、何を勘違いしたのか、二月の渓流解禁日にアマゴの餌にと黒川虫をねだったところ、「これは商売もんズラ」と怒られながらもひと摑《つか》みの虫を分けていただいたことも今では懐かしい思い出だ。

そんな杉本さんから「今年は三十年振りの豊作ズラ」と聞いたのは、昨年の暮れも押し迫った頃だった。

正月、穏やかな天竜川の空に届くのは子供の声と泳ぐ凧。「寒中の虫踏みは、過酷な重労働」と聞いていたが、あまりの暖かな日和にいささか拍子抜け。そういえば伊那谷名物のテンヤこと、寒天作りも今年はまだはじまっていないという。

虫を踏む杉本さんの顔には、もう光る汗がにじんでいる。なるほど、虫を踏むとはよくいったものだ。流れを背に四ツ手網を下手に構え、ガツ、ガツ、ガリッ、ガリッと川底の石を足で掻く。これを数回繰り返して網を上げると、網の底にはいやいや、いるワ、いるワの騒ぎ。若干の水苔やら藻とか小石に混ざり、ムズムズと蠢く虫はすべてあの黒川虫。黒いものもいれば青いものもいるし、灰色の奴らに大に小……。オッ、孫太郎もいるではないか。

一度目の戦果を名刺代わりに見せてくれた杉本さんは、

「こんな年は珍しいズラ。虫も多いし、よく肥っている。寒の虫が一番うまいでナ。どれ！」

と、いかにもうれしそうに、両手にあふれんばかりの虫を腰ビクに収めるや、再び川の中に入っていった。

体力のある若い人は、鍛冶屋で作ってもらう頑丈なガンジキ（本来は雪国の歩行用具のカンジキ）と呼ぶ、カナグツ（金属性の靴）を、長靴の上に履いただけで川底を起こすが、杉本さんは時々ツルハシで底を掻いてから足で掻く。この両面作戦は、無駄なく川底を引っくり返せる点で効果は大きい。四ツ手網にたまった虫は、多少の藻などとともに腰ビクに収めるが、ほどほどの釣果ならぬ虫果が腰ビクに入ると、今度は川岸に置いた選別器にこれをのせる。が、この選別器なるものが、実によくできているから感心する。

四十年来変わらぬ発明品

まずブリキのあのタライを連想していただければいいだろうか。その側面には一カ所、煙突のように突き出た口を設けるが、まだこの口は閉めておく。

さて、タライにはやや間隔をあけて上から大、中、小の順に、マス目の異なる金網をセットする。この上に腰ビクから取り出した虫、そのほかをのせると、なんとムズムズと蠢く虫はやがて中段に落ち、さらにもう一段を突破して最後は水を張ったタライの底にポトリ！　と落ちる寸法だ。これはすべて虫が勝手にやってくれるので、この間漁師は再び虫踏みに励もうと一服つけようと、いっこうにかまわない。後は時折、この様子を覗きに来て、一番上の網に残った藻やゴミを捨てて再び腰ビクの虫をのせる。

さて漁が終えたら、選別器の金網を外し前述の口も開ける。そして出口には玉ネギの入っているような網袋を縛っておくと、タライを斜めに傾けただけで、虫だけが流れ出る水とともに、この袋の中に収まってしまう。

選別器と呼ぶこの道具は、仕組みさえわかればタライもどきに金網と袋だけ。いとも簡単で、無駄がない上に手間もかからない点で合理的である。選別器に感心していると杉本さんは川岸に腰を下ろし、こんな話をはじめた。

「うんと昔には、本当に一枚網の上にぶち撒《ま》けて、虫だけをつまんだもんズラ。天気のいい日にゃいいが、寒いときは辛いでなァ。

あるとき、俺らのおじさんがトタンのタライに網をかけ、選別するの見て、こりゃーいいや、と考えて今のような格好の奴、ブリキ屋に頼んで作ってもらったズラ。

ガンジキと呼ばれる特別注文のカナグツ。頑丈だが専業者になると、ひと冬一足では間に合わない

選別器の原型はタライ。上から大、中、小と目の異なる網の一番上に虫をのせると、最後は虫だけが容器の底にポトリと落ちる

今は虫踏む人、みんなこれ使ってるが、当時はこれ背負って自転車で川サ行くもんで、ずいぶんバカにされただョ。おい大将、チンドン屋かい！　って」

驚いたことに、現在使われている選別器は、本当にタライがヒントで、杉本さんの発明によるものだったのだ。しかもそれは戦前のことというではないか。つまり四十年来この方、このスタイルは今もって変わらない。加えて戦中戦後のしばらくは、食料難のために虫踏みは盛んになるが、どこを探しても金物がないために道具作りには大変苦労した。

また前述のガンジキと呼ぶカナグツも、昔は木綿足袋にワラジを履いただけで川に入ったというから寒中の作業は大変辛かった。が、そのワラジさえも、連続して川底を踏むためにすぐにすり切れてしまった。こうして現在のガンジキの前身、太い針金（俗に八番線）を用いて各自が作るカナグツが生まれたのだ。

現在の鍛冶屋へ注文するガンジキは、およそ三千円。傍らから見ても、まるでロボットが河原を歩くような金属音を響かせ、かなり頑丈そうに見えるが、杉本さんのような専業者になるとひと冬は持たない。なお状況にもよるが、ていねいに虫を踏む人は、だいたい一日で四畳間ぐらいの面積を踏む。また効率良く虫を捕るためには、ザザ虫の名の由来でもあるザァー、ザァーと流れる膝下以下の浅瀬が適している。なぜならあまりの早瀬では、虫も入るが起こした石も網に入ってしまう。一方遅い流れでは、せっかく底を離れた虫が下に受けた四ツ手網に入る前に沈んでしまう。一見、虫さえ多ければどこでも良さそうだが、この辺の見極めがやはり長年の勘といえる。

やがて気がつけば、前方の瀬に立ってやはり虫を踏む人がひとり。杉本さんには、その人が誰だかわかるのだろう。お互いに遠い会釈を交わしている。また道行く人も、土手をくだって杉本さんに声をかけている。先ほど起こした下手の浅瀬には、いつの間にやら数匹のシラサギが、おこぼれ頂戴とばかりに舞い降りてきた。早春の伊那谷を飾るには、実にふさわしい絵であった。

「俺らのお世話になってる店、ちょっくら寄ってきましょうか」

私たちは、後をシラサギ君にまかせて河原を上がった。

商品化された天竜のザザ虫

ここで天竜川における虫踏み漁について触れておこう。

まず道具一式を用いてザザ虫を捕るには、天竜川漁業協同組合発行の「虫踏許可証」を受けなければならないが、もちろん当漁協の組合員であることが前提だ。漁期は十二月一日から二月末日まで。鑑札は年間一万五千円。

年や状況にもよるが、主に辰野から駒ケ根に至る天竜川本流が対象だ。ちなみに天竜川の岡谷市分を受け持つ諏訪湖漁協、ならびに下流部の下伊那漁協においては、虫踏みに関する制度および食習慣はない。要するに、ザザ虫を捕らえるのも食べるのも天竜川漁協の範囲だけである。

ここで同漁協を訪ね、虫踏みについて聞いてみた。

漁協によると、昭和五十一年以降の「虫踏許可証」申請者の数は、昭和五十一年度（以下年度順を追う）二十五名、四十一名、四十四名、四十九名、三十六名、四十九名、二十三名、八名、四十名、四十三名、そして今年は、すでに七十名を数えるが、あまりの豊漁のために、この数はまだまだ増えるのではないかという。なお昭和五十七年度のように極端に申請者の少ないのは、大型の秋台風が襲来し、川が大きく荒れたため虫が不作になったからである。組合員三千名あまりの同漁協で、虫踏み許可を受ける人は前述した通りだが、これを専業とする人は、せいぜい十人程度。残りの人は、副業程度に許可を受けている。

ところで、鑑札の値段は、昭和五十四年に年間一万五千円（それまでは一万円）になったまま現在まで据え置きの状態だが、専業、副業を問わず、予想以上に虫踏みをする人が多いのは、やはり身入りがいいからだろう。この点については、杉本さんのザザ虫の納入先、「かねまん」さんの話を紹介しよう。

大正三年創業の「かねまん」の現在のご主人は池上篤一さん（六十四歳）で、三代続く信州珍味を扱う老舗だ。

それまで地元の人だけが食していたザザ虫を、「天龍ざざ虫佃煮」の名で商品化したのは、昭和二十四年のこと。ちなみにこのときの価格が、百匁（三百七十五グラム）で六十五円。以後、値段の変遷を追ってみると、同三十一年、二百円。三十四年からはグラム売りで、百グラム七十五円。三十八年、百七十円。四十一年、二百六十円。五十年、七百五十円。五十五年、千五百円。六十年、二千円。といった具合で、小売り値段だけでも、大変に高価なことが窺える。

また漁師からの引き取り値段は、昭和四十九年でキロ当たり千五百円。現在は、四千五百円ぐらいである。

虫を踏む人は、平均して日に二〜三キロ、今年のような豊漁の年は、多い人になると五キロ以上も捕るというから、これはかなりの額になる勘定だ。といっても、「お天気にもよるし、体力もいるで、そばで見るほど楽じゃあない。虫踏みはゼニばっかじゃできんズラ。網を上げたとき、いっぱいくっついているとたまらんズラ。あれがいいんだナ」

と笑う杉本さんだが、これは私たち釣り人が魚を釣り上げたあの瞬間の、何ともいえない気持ちにも似ているようだ。

「俺ァ、川が好きで……」

と語る杉本さんだからこそ、不作であろうと豊作だろうと、半世紀もの間、休むことなく冬の漁に関わってこれたに違いない。

さて「かねまん」では、「天竜川のざざむし大和煮」（現在の商品名）のほか、ハチの子やカイコ、サナギ等の珍味を缶詰にし、一年中楽しめるように売っているし、同じ伊那市の塚原川魚店では、天竜川で獲れるアユやアカウオ（ウグイ）等に加えて、ザザ虫をはじめサワガニやハチの子、カイコ、サナギ等の珍味を甘露煮風に仕上げ、計り売りで扱っている。両店ともに伊那谷の季節の珍味を扱う店として、この地を訪れた折には、ぜひ寄ってみたい所である。

ところで、伊那谷の人々がザザ虫を食べるようになったのは、いったいいつ頃からだろうか。結論を先に述べると、残念ながら確たるルーツはわかっていない。

ただ長野県の民話『しなののくにの十六のものがたり』には、「かっぱとざざ虫」の話が登場する。これは天竜川の川奉行に悪さをしたかっぱが捕らえられ、命を助けてもらう代わりにザザ虫を進呈する話だ。

また、享保二十年（一七三五年）、幕命によって各藩が主要産物を報告した中で、『信濃国伊那郡筑摩郡高遠領産物帳』という文書の、「辺土百姓食べ候物」の項目の中には、イナゴ、カニ、大豆の葉、タニシ、カワニナ、イワナ、アユと見られるほかに、虫の項に、「じやじやむし」とあるのが、現在のザザ虫のことではないかといわれている。

食べ物に苦労した遠い昔。飢餓とか凶作の折に、これを食べた一部の人が「ウン、なかなかいけるズラ！」となったものが、いつの間にやら伊那谷の人々に広まり、以後定着したのだろうか。

ちょうど東北地方には、かてもの（糧物）といって、凶作に備える食物、たとえば野草とか山菜類は、こうしてこうすると食べられる……、といった今様ガイドが残されているが、案外、伊那谷の食文化の元をただせば救荒食糧にたどり着き、人が忌み嫌う下手物でも、それを食べなければ生きていけなかった時代の名残りかもしれない。

煮れば何だって食えるズラ

さて市販されているザザ虫の味わいは、「やや甘い」が実感だった。これは日持ちをよくするために甘めに仕上げたり、最後に水飴を用いるからだ。ただ一般家庭で自家用に煮つけたものはその家庭独特の味わいがあり、本来のザザ虫の味を知ることができる。

杉本さん宅では、もっぱら奥さんのちえ子さん（六十六歳）が、この味つけ番を担当する。まず前述の網袋に入れたザザ虫（家に持ち帰るぐらいでは生きている場合が多い）をザルに移し、熱湯をかけて締めるが、ちえ子さんの場合は温水器のお湯で締めるついでによく洗う。これはあの選別器で小石と離れたはずのザザ虫の中に、まだ石を抱いているものもいるからだ。

私は、あえてこのお湯を通しただけのザザ虫の、つまみ食いに挑戦したが、食べられるものの少々泥っぽい。もしも通を自認する人なら、これに醤油でもたらして食べれば結構いけるかもしれない。

一方、佃煮の味つけは醤油と少々の砂糖、人によっては酒と味醂も加えるが、杉本風はより本来のザザ虫の味を尊重して、調味料はこの二つだけである。厚手の鍋でこの煮汁をひと煮立ちさせ、件のザザ虫をドバッ！　と入れ、後は待つことしばし。

やがて火力を押さえ、時折、天地（上下）を変えて、煮汁がひたひたになったところで火を止める。後は冷めるのを待ってでき上がり。この間およそ三十分あまり。若干の煮汁を残すのは、仕上がった虫が乾かないためと、例のザザ虫ご飯用のお汁の楽

今や高級珍味のザザ虫は、伊那谷を代表する名物だ。右、かねまん、左、塚原川魚店（上２点）。杉本家のザザ虫料理は、奥さんが担当する。一度湯に通してサッと仕上げるのがコツ（左）

しみでもある。

なおザザ虫に含まれる成分はタンパク質、ビタミンA、鉄分がとくに多く、「これを食べると風邪をひかない、若返る」とは、この地方の昔からの言い伝えである。

そして最後に、ザザ虫こと黒川虫と天竜川に生息するアマゴとの関連について触れておくと、黒川虫の類を常食とするアマゴとかヤマメはとくに成長が早く、大型にもなりやすい。当地では、主にカメチョロをアメ虫（アメノウオの好餌という意味）と呼ぶが、これはもっぱら沢釣り派の人に多く、天竜川の本流を専門に釣る人は、黒川虫のこともアメ虫と呼ぶ。

実際、私が出かけた正月のときも、寒バヤ釣りに興じる何人かの釣り人が天竜川にたたずんでいたが、その中のひとりは、「こんなときにかかっちまうアメ（アメノウオ）は、型が良くってなァ」と、いかにも残念そうに放していた。が、その魚体は二十五センチほどの、サビも知らない若魚であった。もちろん餌は黒川虫だが、当地の渓流釣り解禁はまだ一カ月半も先である。

「どうズラ、自分で捕った虫の味は?」

こたつに入った杉本さんが笑う。初の虫踏み一日体験を済ませた私も笑う。ちえ子さんの差し出す小鉢をひょいっと借り、箸でつまんでみれば黒川虫に孫太郎。

「アッ、なんだこりゃ、ヤゴだ！」

と騒げば、杉本さんはいたって平静に、

「煮ればなんだって食えるズラ……」

というではないか。私が箸先のヤゴを見て、それから二人の顔を覗き見た後には、もちろん爆笑の渦が巻き起こったことはいうまでもない。


〈文庫版追記〉

平成二十八年度の虫踏許可申請者は十七名。副業として虫を踏む人が多い。漁期ならびに鑑札代は、当時と変わらない。なお、現在のザザ虫の佃煮の販売価格は、二十五グラムで千円ほどである。

熊語り

人里離れた渓流で誰もが心配なのは、クマの存在だろう。
仮にその正体が、ノウサギのような小動物だったとしても、急に樹々がざわめいたり、草むらがガサゴソすれば、普通の神経の持ち主なら真っ青になって当然、まっしぐらに逃げ帰りたくなるものだ。また、よくあるのが急に声をかけられるケース。自分ひとりしかいないはずの渓で、いきなり肩越しに「どうですか、釣れますか?」などと声をかけられたりすれば、大の男でも飛び上がらんばかりに驚く。そんなときは相手には悪いが、こちらは気の毒を通り越して失笑してしまう。

つまり、竿の先に全神経を集中しているかに見える釣り人でも、実は物音ひとつにさえビクンとするほど緊張している。しかし、何が山で怖いかといえば、山の怪、物の怪の類ではなく、やはりクマの存在だろう。

それではクマという動物は、本当に私たちが考えているほど怖い相手なのだろうか。また、釣りをしていて出会う可能性があるのだろうか。そんな疑問に対して、各地を旅してきた私の見聞と、山形県に住むある狩猟者の話を紹介しよう。

クマと出会うのは運がいい？

「よくよく運のない出会いをしない限り、釣り人にはクマはかからない」と、その著書『東北の渓流』の中で述べていたのは故阿部武さんである。加えて氏は、南会津の八十余歳になる職漁師の「私は運がないのです。この年まで（クマと）会ったことがないのです」という話も紹介している。

いずれもベテランの話だけに説得力があるし、日頃クマに不安を抱いている釣り人にはホッとさせる話でもある。しかし「よくよく運のない出会い」という表現は、運の良し悪しよりも、山に入ったら「クマと出くわす可能性もある」と、慎重に解釈した方が良さそうだ。氏のいう運の悪い出会いについては後で触れるとして、山村でよく聞く話としては「なァーに、クマなんか心配ねぇ」、「秋の子連れ以外なら大丈夫」、また「出会い頭でなければ心配はない」といったものがほとんどだ。しかし、万が一「子連れのクマと出会ったり、クマと出会い頭という状態になったら」の不安は大きいはずだ。

「素人はとかくクマを怖がるが、クマだって人間が一番おっかないだな、あれで。川でかね？　沢は谷風吹くでまず大丈夫だ。奴ら鼻がいいで人間が来るってわかりゃー、

「クマの方でコソコソ逃げるわな」

とクマの一頭や二頭はどこ吹く風と、豪快に笑ったのは福島県の只見町に住むSさんだ。Sさんは、湖底に沈んだ集落、田子倉のマタギ出身で、今なお冬にはクマを撃ち、田子倉の山と湖で一年を暮らしている。また、飯豊山の南麓、奥川沿いの弥平四郎の村に住んでいたOさんは、釣り師としても村一番の腕利きで、猟の方も単発の村田銃を使っていた時代からの腕前。彼はかつてこんなことをいっていた。

「猟が終わるとやたらオヤヂ（オヤジ、クマのこと）の足跡や糞見たなぁ。タケノコ（ネマガリダケ）採りなんか行くと、いるんだわ、これが。ミシッ、ミシッと。こっちもせっかく来たもんで、帰るわけにもいず、オイッ、コラ！　と怒ってやれば、たいがい奴《やっこ》さんの方で、どっか行っちまうがな。万が一そばで会ったときは、何もしないで知らんぷりするのが一番だ。そうすりゃ、奴さんもそのうち飽きがきて、自分から向こうに行っちまうから。変に騒ぐのが一番危ないようだな」

二人共クマと同居しているような環境に住んでいただけに、とりたててクマだからどうだ、といった素振りを見せたことはない。しかもクマとのつき合い？　が長いせいか、たとえ子連れどきや出会い頭だとしても、今までに怖いと思ったことは一度もないそうだ。

御所山一帯のおたずね者、250kgのボスグマを掲げる永沢さん（上左）と小松さん(上右)。実は中央裏側に、180cm近い釣友が頭を押さえている。3人がかりでかつぎ下ろす獲物も軽く100kgを超える。昔も今も、クマ猟の多くは集団で行なわれている（左）

しかし、もしもクマと遭遇するようなことがあった場合、クマの方に余裕を与えてやることが大切だという。この場合の余裕とは、クマが人から逃げられるために作ってやる隙といったらよいだろう。人間とクマ双方がせっぱつまった状態になること、これが最も危険なのは、もちろん子供を守る母性本能が母グマにあるからで、出会い頭の事故の場合はクマが突然のことで攻撃態勢に入るためといわれている。

クマから身を守る方法、つまりクマにこちらの存在を教える方法では、爆竹とか笛、鈴の音などの金属音が効果があるといわれるが、大方の獣類は実際金属音を苦手とするようだ。また、人によってはラジオのボリュームを上げておくと「あれはいつも人の声がするからいいだ」という人もいる。

ただ、クマ撃ちのようなクマに慣れた人でも、クマに弾丸が当たった直後とか手負いのときは、「とってもじゃないが、おっかなくて近寄れない」といっている。死を前にした彼らのもがき苦しむ力は、丸太ぐらいの立木などそれこそ腕のひと振りで張り倒すそうだ。したがって、クマ撃ちは命中した手応えを感じながらも、二の矢（第二弾、時にはとどめ）の用意と相手が倒れるまでの慎重な行動は絶対に怠らない。なお「勝負！」の勝どきを上げるのは、クマが完全に死んだことを確認してからである。

知っておきたいクマの行動パターン

さて、運がいいのか悪いのかは別として私は今までにクマを四度見た。そのほかにもクマの足跡やら糞を見たこともあれば、ただならぬ気配（？）を感じたこともあり、仕かけたオリの中とはいえ、必死の形相のクマに震え上がったこともあった。そこで、笑い話のような経験談を紹介しよう。

十五年あまり前、仲間と三人で新潟県の実川へ出かけたときのこと。若かった私たちは早く釣りをしたい一心から、夜明けに溪に降り立つ計算をして、暗い山道を歩き、ようやく溪へ降り立ったまでは良かったが、誰ともなしに気づいていうのだ。

「あれっ、一番乗りのはずだけど、もう誰か入ってる……。見ろよ、あそこの石が濡れてるぜ。しょうがねえな、先行者に追いついて様子でも聞くか……」

ここまではまったくのんきな話であった。ところが、濡れた足跡の主も確かめずに上流へ向かったところ、あわてた気配の足の濡れ跡を見て、ようやくその正体に気づいたのだ。そう、この足跡の主こそ、同じ先行者でも、なんとクマだったのだ。しかも一同蒼ざめた顔つきでその足跡を目で追えば、奴は音を立てて流れる急流を横断し、今まさに対岸の茂みに消えるところだったのだ。

日頃のクマの行動は、私たちがまず朝起きて歯を磨き、顔を洗って朝食を済ませてから学校とか会社へ出かけるのと同じように、クマの方もまた、ほぼ一日の行動のパターンを持っているようだ。そしてよほどのことがない限り、寝場所から餌場はもちろん、水飲み場や自分の歩くコースに至るまで、最も安全で一番気に入ったコースを選んでいる。

したがってクマ猟の多くは、クマの習性と行動を上手に利用している。夜行性で警戒心が強く、その上臆病といわれているクマは、とくに人目や日差しを嫌い、自分の行動範囲の中で夜明けを迎える頃になると、ほとんど山の奥の方に入ってしまうといわれている。

しかし、シトシトと小雨が降ったり、曇天だったらどうだろう。こんなときにはあの優れた嗅覚も鈍り、正確なはずの行動サイクルにも狂いが生じてくるに違いない。仮に気の早い釣り人が山に入り、溪へ降りたとしたら、これはもう、クマとのニアミスが生じても何ら不思議なことではない。とくに春と秋に釣り人がクマと遭遇しやすいが、その主な理由はこうである。

まず冬眠から覚めて穴から出たクマは、毛干しといって、二～三日こそクマのぬいぐるみよろしく動作も鈍いが、やがて長い冬の空腹に気がつけば、まず何よりも貪欲な行動に移るのだ。この季節、彼らが最初に目をつけるものは、フキノトウにはじまる各山菜類や、いち早く芽を吹くブナの新芽にコブシの花などだが、何かの拍子にこの春の献立が遅れたりすると、彼らは雪を掘って前年に落ちた木の実なども漁る。

渓はちょうど雪代の季節、彼らは気に入った餌場を見つけると、二〜三日は必ずそこに顔を出す。とくに北国の川でのこの季節、こちらがイワナ釣りの支度をしていると、手には双眼鏡やトランシーバーを持ち、肩にはライフルや散弾銃をかついだ一行が、「これから行ってくるで、アンタも気をつけらんしょ！」などといっては、渓の奥に消えて行く。

また実りの秋を迎えると、彼らは近づく冬眠を前にとくに脂肪分の高いトチの実やブナグルミ（ブナの実）、ナラの実（ドングリ）やクリなどを好んで漁り、山ブドウやサルナシ（コクワ）、ヤマウド（シシウドも）の実なども食べる。秋はとくに食欲が旺盛で、気に入った餌場を見つけると、数日間はその場所からあまり離れないという。加えて子連れの季節でもあるため、この時期のクマとの遭遇は危険この上ない。

このような春と秋、そして日頃の行動サイクルにズレが生じたとき、先の「よくよく運のない出会い」は起こりやすい。

一昨年の秋は各地でクマの事故が報じられた。実際、私の釣友も里の川で「クマとバッタリ会った！」と興奮していたが、この年のように秋晴れどころか夏の日照時間も少なく長雨にたたられた年は木の実は実を結ばず、山の幸は不作になる。クマが人里に降りるのはたいていこんなときで、一方満足に餌を食べられずに穴籠りしたクマは冬眠に入るのが遅く、反対に穴から出るのは早くなるといわれている。

さてクマ狩りといえば、真っ先に「マタギ猟」を思い出すが、マタギたちが最も得意とした巻き狩り（猟法）の技術は、現在のクマ猟にも脈々と受け継がれているが、昨今、クマだけを相手に生活をしている人はいなくなった。

その原因は、単にクマの絶対数が減ったというだけでなく、時代の大きな移り変わりによるものといえる。かつての山村は、クマ一頭を獲れば大きな現金収入になるばかりか、食を潤すこともできた。さらに各種の薬用にクマの身すべてが重宝がられたが、今や山村にとってもクマは昔ほどの価値がないのが実情だ。

たとえば、「良薬は口に苦し」の言葉を生んだクマの胆《い》（胆汁の入った胆のうをそのまま乾燥したもの）は、今もって「金と同じ」ほどに高価な胃の薬なのだが、だからといってこれを服用できるのはごく一部の人だろう。またクマの骨を刻んで飲めば骨折に効き、同じく血は乾燥して低血圧症に良いとか、脂身は煮溶かしてビンにでも入れておけば火傷やあかぎれに、脳みそや手の平……等々と、かつてはクマ一頭獲れば、それこそ捨てるところは糞だけといわれたものである。しかし今や山村といえども病気には売薬を飲み、病院へと走るのは当然の話だ。

しかし、決定的なのが捕獲制限の問題だろう。新潟県のある狩猟者が、

「確かにひと頃よりもクマは増えたが……、一シーズン五頭じゃ、すぐ終わっちまうがな。昔は奥山に入って寝泊まりもしたが、今じゃそんな奥まで行く必要はなくなった……」

というように、天然記念物のカモシカほどではないが、地域によっては保護策が施されているケースもある。つまり、国とか県および関係市町村の単位で捕獲頭数を決めている場合があるのだ。しかし、狩猟期間外でも有害獣駆除申請といって農作物を荒らしたり、人畜に危害を及ぼす恐れのあるときは特別許可が下りるものの、これにしても原則は一申請につき一頭と決められている。

かつて秋田のマタギたちは、クマを求めて東北六県はもとより遠く中部以西にまで遠征したそうだが、現在では各都道府県での狩猟許可が必要なため、クマを追ってどこまでも、というわけにはいかない。したがって昨今では、クマ狩り、クマ猟、山入りなどといった言葉は影をひそめ、ただ単に「クマ撃ち」と称する人が多い。つまり、この世界も今や狩猟から趣猟に変わってきたのである。この現象は溪流釣りの世界か

ら職漁師がいなくなったのと大変よく似ている。

「初打席初ホームラン」だった永沢さんの初猟

ところで地域や前述の事情から、ただ単にクマの捕獲頭数だけでその人の腕前を判断するのは早計だが、普通現役のクマ撃ちでは、二十〜三十頭のクマを獲ると一流といわれている。またその人の生涯頭数が百を超えると、これはもう後世まで語り継がれる名人級といわれている。ところが現実に軽く百頭を超えるクマを獲った人たちもいる。

山形県の尾花沢に住む永沢正男さん（六十歳）は、現在までに百三十余頭。片や同所、小松久男さん（四十七歳）は二百十一頭ものクマを獲っている。それにしてもお互い大変な数だ。が、そのうち永沢さんはおよそ二割、小松さんは約四割がオリを使った猟。また、同じ仲間である二人の数字には、当然重複するものもあるが、それでも大変な数であることに変わりはない。

二人は昭和三十九年に発足した尾花沢猟友会で小松さんは会長を、永沢さんは副会長をつとめ、数々の苦楽を共にした仲でもあるが、共にクマの専門猟師ではない。永沢さんは丹生《にゅう》川の鶴子温泉「勘兵衛荘」のご主人だし、小松さんは農業で夏には当所

ウサギ狩りのひとコマ（細野の山で。右から2番目が永沢さん）

クマの解体は、無事成仏を祈るオトメ酒をあげ、皮剥ぎからはじめる。クマの解体は小松さんが上手

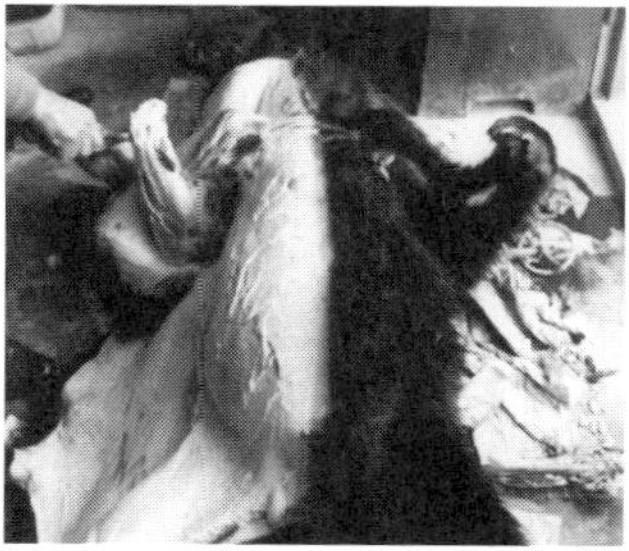

猟師は獲物の供養も忘れない。丹生川上流火原権現は一同で再建した。左より2番目が小松さん、同5番目が永沢さん

の名物、尾花沢スイカを作り、国道沿いに店も出す。またクマのような大型獣のほか、キツネやテン、タヌキ、ウサギといった小動物はもちろん、ヤマドリやキジ、丹生川のカモ猟にも精を出している。

さて、私は当地への釣り旅を重ねるうちに、いつしか永沢さんの山語り、とくにクマ撃ちの話に興味を抱いた。そして二人から興味のつきないクマの話を聞く機会に恵まれた。まずは永沢さんの話を紹介しよう。

昭和四十年、三十七歳でクマ撃ちに参加した永沢さんは、それまで多少の小物相手の経験はあったが、この道のスタートとしてはかなり遅い方だった。ところが、永沢さんはこの記念すべき初猟で生涯忘れられない経験をしたのだ。それは丹生川の上流、白子沢でのことだった。

前夜、飲み友だちに誘われて同行することになった永沢さんは、古式ゆかしい単発の村田銃こそ借りたものの、まず新入りの自分には間違っても出番などない、と思っていた。ところが、なんと勢子に追い出されたクマは永沢さんの矢場（クマを迎え撃つ所）に顔を出してしまったのだ。しかも普通だと、矢場に立つ人は周囲がよく見える木などの高台にのぼって銃を構えるが、あいにく永沢さんの回りには自分がのぼれるような手頃な木がなかったのだ。

「さて、どうしたもんだか……」

と、思案に暮れているところにクマが現われてしまった。当然、一対一の真っ向勝負。幸い（?）にも永沢さんの一撃は見事命中し、続いて弾をつめては撃つの繰り返しが合計四度。何しろ目の前にはクマ。無我夢中とはまさにこのことで、興奮に身震いしているのに気がついたのはずいぶん経った頃のこと。はじめて見たばかりか、はじめて撃ったクマは、それこそ二百キロ近い大物だったのだ。

こうして初打席、初ホームランにも似た快挙をなし遂げた永沢さんは、以来クマ撃ちの虜となるばかりか、いつしか仲間うちでも一目も二目も置かれる存在になったのだ。が、もちろんその背景には、山育ちの勘があればこそ、と思うのだが、案に相違してこんなことをいう。

「自分でいうのもなんだが、俺の家は長いこと親父が村会に出たりしたもんで、鉄砲ぶちなどするものは誰もいなかった。俺の三代前の人は鉄砲も釣りも好きだったらしいが、おれは子どもんときでも、あまり山で遊んだ記憶はないんだな、これが。本気で山を知りてえと思ったのは、はじめてクマを獲ってからだ。クマ獲るにはまず山知らなきゃなんねえからな」

今でこそこんな年ならクマはどこを歩くか、あのクマを追えばどこへ出るかなど丹生川の上流、御所山《ごしょざん》一帯のことならたいていのことがわかるが、そんな永沢さんにも、クマを獲る以上にまず山のことを知る努力と研究が隠されていたのだ。しかも四十近い年齢になってからのクマ猟には驚くばかりである。

永沢さんによれば、慣れさえすればクマそのものを獲る（あるいは撃つ）ことはさほど難しいことではないらしい。むしろ大切なのは一に発見で、二に作戦というが、これは我々の釣り場選びにも共通する。

悩みは、どこまでが害獣でどこまでが保護すべきか

一方、昭和五十年から六十一年まで猟友会の会長をつとめた小松さんは、特別天然記念物のカモシカの調査員とともに、昨年からは鳥獣保護委員も任されている。小松さんは昭和三十八年、二十二歳のときからクマ撃ちに参加しているが、この役職が示すように、「人一倍山が好きで、動物が好き」という人だ。

その小松さんは自ら銃を手にするのと同時に、一方では鳥獣を保護し、また農業を営んでいる立場から鳥獣による農作物に被害に遭う立場でもある。そのため鳥獣のどこまでを害獣とし、どこからが保護すべきかの問題を常に真剣に考えているし、また「秋田マタギ」の本なども読んで、「古きを知る」精進も欠かさない。永沢さんの話に

よれば、クマの解体は小松さんが一番上手だという。

そこで小松さんに、実際にクマの解体の仕方について伺ってみた。それによると、まずクマを仰向けにさせ、下唇より肛門までを毛の生え際を見て裂く。手は手の平のタブ（たぶさ、毛の生え際）から皮の薄いところを断ち、胸の上、つまり首との中間にある月の輪の下までを切る。続いて足は同様に足の平から内股の性器までを断つ。こうしてから全体の皮を剥ぎ、手足とも爪は第一関節からくり抜き、頭は目と鼻と耳を切る（これで皮剥ぎが終了）。

次に内臓や肉の切り出しは、まず腹部から胸を通って首までを切り上げ、食道と器官を取り出す。続いて肺や心臓、胃袋、肝臓、すい臓、腸などの各内臓を取り出して骨を抜く。各部の肉の切り出しにおよそ一時間半。もちろん、解体前のオトメ酒（無事成仏を祈る酒）と後に獲物を食膳にしたときの合掌も忘れない。加えてクマの胆は、かつては囲炉裏の火棚にのせてじっくりと乾燥させたが、今では冷蔵庫内で仕上げている（およそ、一～二週間）。

なお、今までに永沢さんと小松さんの二人が組んで獲った一番の大物は、七年前の朧気《おぼろけ》川上流で獲った二百五十キロのオスグマ。このヒグマのような大グマは、片目の上に、背中にはライフルの弾丸傷があり、散弾は体中に食い込んでいた。このボスグマは宮城・山形の両県を行ったり来たりしたおたずね者だったのだ。

小松さんによれば、こんな大ボスが山に居つくと、とたんに三下クラスのクマが里近くの山に出没するが、この大ボスを仕留めれば、また適当な棲み分けをなすせいか、里でクマの姿を見かけることはなくなり、山は再び静かになるそうだ。

さて、小松さんはいろいろな立場から、今なおクマたちが山での健全な生活を送ることができ、けっして人里に降りないよう願っている。一方永沢さんは、過ぐる日の、子連れグマの母性愛に熱く胸を打たれたという。

それは母グマは心臓をぶちぬかれていたにもかかわらず、そばに子グマを引き寄せ、抱き込むようにして倒れていたのだ。永沢さんはその日を境に幼いクマに銃を向けることはなくなった。彼の腕を信じ、獲物をあてにする仲間たちには、そのたびに申し訳ないと思いつつ、「的が小さいで、子はしくじった」と言い訳をするのだ。

昨年の末に還暦を迎えた永沢さんは、このひと区切りを男のけじめと決め、静かに銃を置いた。また今までの殺生に報いるためにも、ぜひ近々供養塔を建てたいと話してくれた。

御所山麓の勘兵衛荘で、永沢さんの熱き「熊語り」に耳を傾けていた私は、やがて彼の目に、キラリと光るものを見た。

〈文庫版付記〉

小松さんは、今も現役の上、尾花沢猟友会の中心メンバーとして活躍中。また近年では御所山（船形山）を挟んだ宮城県側の狩猟者との親交を深める「クマサミット（別名マタギサミット）」（会場は隔年にて両県交替制）では、その道の研究者や若い学生さんに、クマのこと、山のことなどを語っている。

出逢いの渓、深山の里にて

釣りを充実させる渓行きとは

釣りの楽しみ方は、十人十色。人によって様々だろう。あえて引き合いに出さなくても、その日の釣果に一喜一憂するのは誰でも同じだが、健康のためとかストレス解消には釣りが一番という人も多い。

昔は、健、忍、寛、尚、楽をもって、「釣りの五徳」と呼んでいた。つまり釣りをするには、あるいは釣りを通して培うものは、健康、忍耐、寛大、高尚、娯楽、以上五つの心であった。したがって人の道も、釣りの道も、きわめるものはみな同じである。

しかし、その精神は初心者ではなかなか難しい。まず釣りに、さらに魚が気になって、とても「山を観る」余裕などないからだ。が、何かの折にふと竿持つ手を休めると、そこには素敵な出会いが生まれることがある。

昨年も各地の渓へ出かけた私は、様々な魚と多くの釣り人に出会ったが、そのなかでとても印象に残るある人のことを、山形県の最上川支流、実淵川《さねぶち》から伝えよう。

深山工房主人、梅村正芳さんとの出会い

山形県西置賜《おきたま》郡、大河の最上川もこの地に至ると、ヤマメやイワナでも釣れそうな感じのする清流になる。その流れを挟んで位置する白鷹《しらたか》町は、近世には米沢藩の御役所も置かれた古い城下町である。また当地はその昔、最上川舟運の河港としても栄えた所である。ここに朝日連峰の盟主、朝日岳の前衛の山々、頭殿《とうどの》山(一二〇三メートル)や小実淵山(一〇三七メートル)から流れ出す川がある。この川が、今でも気まぐれなサクラマスが、はるか日本海から最上川を遡河して、時折まぎれこむ実淵川である。この川は両隣りの朝日川と野川の名溪に挟まれて、ひと頃は静かな溪だった。ヤマメの棲む下流域は村のたたずまいと相まって、のどかな里川のイメージだが、上流域になると今度は表情が一転して林道も溪も厳しくなる。

私がこの川の下流部で、ある釣り人と出会ったのは、昨年の七月後半のこと。折からの渇水に加え、足下の砂地には真新しい足跡も残されていた。当然こちらのビクは軽い。が、なぜかしらあわてることもなく爽やかな気分に浸れていたのは、この川の水色のせいだろう。川底の白い砂と黒い石、この二つのコントラストが普通の里川とずいぶん違うのだ。淵底の小石さえ数えられそうな清澄な流れに、たとえ魚は釣れな

くても、長袖シャツをまくった溪間が実に心地よい。

木漏れ日を浴びながらひとり静かに釣りのぼると、案の定、先行者の姿。無心に竿を振るその人に目をやれば、膝までの長靴に菅笠をかぶり、釣り格好は藍染めの作務《さむ》衣《え》。また腰にはずいぶんと年季の入った浦島型のビクをつけている。軽快な竿さばきは毛鉤釣り、俗にいうテンカラである。遠路はるばるやってきた朝日連峰の溪間には、実にふさわしい絵といえそうだ。

当たり前の会釈をきっかけに、手を休めて話を伺うと、この人は土地の人で実淵川の畔り、深山《みやま》の里で陶芸をやっているという。雰囲気を大切にする人らしく、今流行《はやり》の釣り師らしい格好もしていなければ、別段釣り急ぐ様子もない。

「今日は仕事の合い間に、ちょっと竿を振りに来ました、気晴らしです」

とおっしゃるその人は、梅村正芳さんといって今年六十歳。隣りの長井市のお生まれで、自宅も同じ。深山の里に毎日、車で通っているが、ここに窯を設けたのは、今から十年近く前のこと。

梅村さんの仕事場は、本名から二文字をとって、「深山工房、梅芳窯《ばいほうかま》」と称するが、同じく棟を並べ、当地に脈々と伝わる和紙作り、「深山和紙」の工房とともに、ここは現在白鷹町伝統工芸の村と呼ばれている。

初夏の朝日連峰、実淵川。軽快に梅村さんの毛鉤が飛ぶ（上）。実淵川の畔り、深山の里にある彼の仕事場は、「深山焼・梅芳窯」と呼ぶ（下）。陶芸家になる前は、山の分校の教師をしていた梅村さん。この道との出会いにも数々のドラマがある（左）

「私はもっぱらイワナの毛鉤釣りを好みます。いろいろ工夫して、魚を釣り上げたあの瞬間は、なんともいえません。が、釣果云々よりも、竿を通して自然と対話すること、これが大好きです」

「陶芸は、自分ひとりの世界です。自問自答を繰り返す釣りも、やはりそうでしょう。釣りをすることによって、心が豊かになること。これが大切だと思います……」

小さな溪間で、ふと呟いた言葉に、私はひどく感動した。水面に毛鉤をツ、ツーと引いたり走らせる技とその答えは、仕事の上で、土（陶土）とか釉薬《うわぐすり》（陶器につやをつけるもの）を引っ張る、つまり作陶のコツに相通ずるものがあるようだ。釣りも陶芸もお互いの共通点は瞬時のかけ引き、無の境地だろう。陶芸のことはわからない私だが、釣りの世界でいえば、まさに奥義と呼べるもの。

深山工房と登り窯を訪ねて

川からあがった私は、勧められるままに、「深山工房」を見学させていただいた。山から刈り出した木材で建てられた工房は、一歩中へ入ると涼しく、まさに木と土の香りにあふれていた。入口を入ってすぐの大広間には、陳列棚や様々な台座があって梅村さんの力作とか苦心作が所狭しと置かれていた。もちろん値段も明示されて、こ

陶芸の道も釣りの道も、「ともに自問自答を繰り返す自分だけの世界」と語る梅村さん。
その作風には釣りの影響が少なくない

こは作品の展示場兼即売場である。

向かって右手やや奥の一画が、作業場である。窓際のロクロ二台は、手前が梅村さんで、奥がお弟子さん用。そのお弟子さんが真剣な眼差しで、時折両手を水につけ、ぐるぐるとロクロを回していた。また脇の棚には、まだ粘土色そのものの花器とか器が、ズラリと並んでいた。乾いたものは淡いグレーだが、ロクロを離れて間もないものは濃いねずみ色。ここには梅村さんの説明に返事をするのも気が引けそうな、そんなピリッとした空気が漂っていた。

続いて表に出て脇へ回れば、葦簾《よしず》と庇《ひさし》で覆われた日陰にも、大小様々な陶器が置かれていた。よく見ると本焼きを前にした素焼きのものもある。片や足下に、無造作に置かれた黒っぽい石はいったい何だろう。一見すると、先ほど実淵川で見かけた河原石に似ているが……。この石の正体は、後ほどゆっくりと説明しよう。

梅村さんの窯は、裏山の勾配を利用した、登《のぼ》り窯である。この窯は多くの陶芸家が愛好するばかりか、わが国の古墳時代の埴輪とか須恵器、あるいは奈良時代の国分寺建立の折の瓦、俗に国分寺瓦と呼ばれるものなどを焼いた窯としても、古くから広く知られている。

登り窯は、手前から焚き口、俗にいう「大口」があって、次いで火勢を整える「捨て間」と呼ぶ小部屋がある。さらに一番、二番、以下順を追って五〜七番ぐらいの間を設け、再び捨て間を用意する。そして最後に、「蜂の巣」と呼ばれる煙突があるのだが、長いトンネルを経てこの蜂の巣から煙が立ちのぼる頃には、普通の家の屋根ほどの高さになる。

なおこの窯の焼成中の温度は、素焼きで摂氏八〇〇〜一〇〇〇度。本焼きでは、一三〇〇度になる。また前述の一番目の間は、別名「本間」と呼び、自分の一番焼きたいもの、あるいは狙うもの（傑作など）を入れるが、二番、三番（以下同じ）になると、火力が安定するため一般的なものを入れる。実際に、素焼きを終えて、釉薬や下絵、上絵を施した品を、いよいよ窯に入れて本焼きが終了する間、それはそれは子供の見たいもの欲しさの心境に似て、その間は不安に期待感、様々な感情の交錯するときである。その理由は、窯出しをするには一三〇〇度にも上がった温度が、自然に冷めるのを待たなくてはならないからだ。

「その間は、じっと我慢の子、あの心境が必要なのです」

と笑う梅村さんの横顔は、まるで童児の笑顔そっくりだ。ちなみに窯出しに際しては、著名な陶芸家になると、気に入らない作だとポンポン叩き割る話を耳にするが、

「梅村さん、その辺はどうなんですか」

と伺えば、たとえ本焼きを終えて、「ウーン、これはどうも……」という作でも、「そこまでは一生懸命作ったものです。気に入る気に入らないの差はありますが、私にはとても割れません。私の所には、よく子供たちがクラス単位でやってきます。だからその子たちに少しでも役に立てば、と取っておきます」

梅村さんは陶芸家になる前は教師で、小中学校の音楽の先生だったのだ。そのため当時の教え子たちが、やがて成人になって何かの折にこの工房にやってくると、さぞ驚いた様子で開口一番、「あっ、音楽の梅村先生！」といっては、梅村さんを苦笑させるのだ。

梅村さんが出会った抹茶茶碗と深山焼きの復活

今から二十年ほど前、教師だった梅村さんは、職員の研修旅行で鳥取県の宍道湖《しんじ》の畔り、松江に出かけたことがあった。

同地はいうまでもなく、出雲の国と称された古い町である。ここで梅村さんが出会ったのが、当地に伝わる楽山焼の数々だった。なかでもある抹茶茶碗の逸品に目を奪われてしまったのだ。梅村さんは何気ないその作品に、侘《わ》びとか寂《さび》、あるいはいい知れぬ情緒を感じてしまうのだ。

世の中には、こんなすばらしい世界があるのかと……。

音楽の先生とは前にいった通りだが、ご存じのように小学校の先生ともなると、ひと通りの授業を受け持つのが普通だろう。しかも地元の山の分校を数多く歴任すると、ひとりで何役もつとめることになる。あるとき子供たちに粘土細工の延長のよな、土の造形を教えたことがあった。児童の中には、動物の顔や姿を形づくる者もいれば、湯呑みとか器を作る者もいた。こうして様々な傑作が生まれ、しばし教室の片隅に陳列すれば、後は各自が持ち帰る。これがいつものことだった。が、その頃になると、ひび割れたり再び土に還ろうとする子供たちの力作に、はたして何とかならないものか、と考えていたのだ。

こうして長井市の自宅の庭先に、小さな窯と、やがて一台のロクロを設けたのが、この道に入るきっかけになったのだ。加えて、あの楽山焼との出会いである。

――国宝深山観音の下を流れる実淵川の畔りに灰釉陶の窯跡が発見された。昭和三六年のことである。

いつ、誰によって焼かれた窯なのかいい伝えもなければ記録も残っていない。まったく〝幻の窯〟である。この窯跡から出てきた陶片をよく見ると、手のこんだ水滴《すいてき》(硯《すずり》に注ぐ水を入れる容器)や抹茶茶碗が多く、ロクロ技術のうまさと品のよさをうかがうことができる。

これらの陶片に魅せられ、復興したのが深山焼である。~後略（『深山焼について』深山工房、梅村正芳より）――

教員時代、深山の分校で長年教鞭をとっていた梅村さんは、時に子供たちと興じる実淵川の流れの底に、または何かの折の工事のときなどに、一~二片の、あるいはおびただしい土器《かわらけ》（素焼きのもの）とか陶片の出ることを知っていた。

この幻の深山焼は今のところ言い伝えもなければ、どこを探してもその完成品は見当たらない。後年土壌分析の結果わかったことは、陶土は土地のものを使っているが、これだと焼き上がりは可能でも、前述のように釜の中で製品が冷めると亀裂を生ずる。したがって世間に陽の目を見なかった原因が、ここにあるのではないかと推察する。ただし抹茶茶碗とか水滴などは、特殊な階級の人たちが使ったり求めたはずである。たとえば位の高い武士とか茶人であったはず。

当地はその昔、東北一円を治めた、伊達、蒲生の両氏の影響を強く受けた所である。当地の鮎貝城主、鮎貝氏が伊達家（政宗）に滅ぼされたのは一五八三年、安土桃山時代のこと。また白鷹町西高毛にある名刹、瑞竜院《ずいりゅういん》は伊達家の菩提寺で、深山観音堂は平安末期の建立といわれている。したがって幻の深山焼は、これらの時代のある人々に所望された御用窯でなかったか、とは梅村さんの土と史実から推測する夢語りである。

やがて、いつしか夜行の睡魔を覚えた私は、登り窯の隣り、吹き抜けの筵《むしろ》の上にて昼寝の場をお願いした。別段急ぐ旅でもなければ、ましてや旱天の中あわてて渓へ行くこともないだろう。背を通して伝わる土の冷たさに、いつしか蟬の声もはるか彼方とばかり、すっかり寝入ってしまった。

渓行きの中の陶土との出会い

「あらっ、やだ、人が寝ているワ……!?」

突然の女性の声に、ハッと目覚めれば、賑やかな声は数人連れの女性客の様子。ふと工房に目をやれば、お弟子さんと共に今度は梅村さんも盛んにロクロを回している。手際よくいくつかの花器や食器を作った後に、

「今度は大物を作りましょう!」

と、ロクロの上の巨大な土の塊り（陶土）に、腕の深さまで手を沈め込めば、その回転とともに瓶《かめ》が現れ、やがて両手で整形を施すと、アッという間に大型の花器が誕生した。先ほどからひとつずつでき上がっては、左右の手に細紐を持って底を切り離

す。これは俗に糸切り底と呼ぶものだ。さらに篦《へら》を片手に刻線を描けば、後で素敵な文様とか絵になって、仕上がりはより引き立つはずである。

工房で働くお弟子さんこと小松進治さんは、千葉県出身の三十二歳の好青年。小松さんが深山工房に弟子入りしたのは、今から四年前のこと。小松さんの奥さんが、梅村さんの小学校時代の教え子だったのだ。奥さんは地元の小中学校から米沢の高校を経て、千葉県に巣立ったが、あるとき、その彼女と一緒に工房にやってきたのが小松さんだった。

ちょうど梅村さんも若い人が欲しかったところ。小松さんの申し出は快く受け入れられ、現在に至っている。私と梅村さんが実淵川で会ったときも、またその後のお留守のときも、小松さんは黙々と作陶に励んでいた。今や梅村さんの良きパートナーである。深山の谷々や近くの切り通しに一緒に出かけては、いい土を求めている。梅村さんは、土を探すことを、「土との出会い」と呼んでいた。

「あっ、これは焼き物になりそうだ」との直感は、水の色とか渓相を見ただけで、「あっ、これならヤマメやイワナがいそうだ」とひらめく釣り師の、あの勘に似ている。

その土を沢水に浸し、手で握れば、焼き物に向くものと、そうでないものがわかるそうだ。また時に、子供のどろんこ遊びよろしくペタペタと叩いたり、紐状に伸ばすこともあれば、土にも様々な香りがあるそうだ。爽やかで舌触りの良いものは、まず間違いなくいい陶土になるが、反対に変にドロ臭かったり違和感のあるものは不向きである。実際、釣り竿を手にした溪行きで、思いがけず出会った土もある。

「どうですか、今夜はこちらに泊まりませんか」

梅村さんの申し出に、二つ返事で答えた私は、やがて西に傾きはじめた日差しに向かい、実淵川の林道を一緒に歩いていた。こちらは車のトランクを開けて、釣りの格好やら支度に手間取っていたが、梅村さんは、仕事場脇の毛鉤竿と腰ビクを手にしただけである。日頃の梅村さんは、この実淵川ではめったに竿は振らず、朝日や飯豊の溪流にひとり分け入っている。

梅村さんの毛鉤を打つ姿は、朝のシーンとまったく同じだ。時折小ヤマメをかけては、笑いながら流れに戻している。一方の私は肝心な毛鉤を車に置き忘れてしまい、餌釣りである。ある堰堤の下で、二人して型の良いヤマメに出会ったのを機に竿をしまった。

この夜は、近くの鉱泉宿に投宿。盃を交わしながら、私はかねて興味を抱いていた陶芸の話をはじめ、梅村さんの釣りについて夜が更けるまで耳を傾けていた。

釣りの中で見つけた黒鴨硯の原石

翌早朝は、「どうぞ行ってらっしゃい！」と見送ってくれた梅村さんを宿に、少々気がかりだった最上川の本流を、朝マズメの釣り場として選んだ。

一投目から竿先を絞り込む相手は、一瞬早くも大物かと思ったが、この相手はなんと当地で川サイと呼ぶニゴイ。しかも、いかにもヤマメの居ついていそうな瀬に入っており、外道とはいいながら尺前後の型ぞろいはなかなかの引き味だ。仕上げは四十センチ近いコイ。いささか相手違いの大物ながら、昨日までのうっぷんを晴らした私は、実淵川の出合下で、待望の八寸のヤマメを得て納竿した。

宿での朝食後、今度はカメラを片手に梅村さんと共に村近くの実淵川へ行く。昨日も今日もどうしても魚を釣らなくては、といった素振りはない。その釣り姿から漂うものは、終始なごやかな雰囲気だ。

昨夜、宿で伺った話では、梅村さんの釣りは少年時代に長井市を流れる野川の清流で、今は亡き父や叔父に連れられてのものだった。そのお二人は、春先は餌釣り、以降は毛鉤一辺倒。このお二人に影響を受けたことはいうまでもないだろう。

梅村さんの心に残る釣りは、過ぐる年の三面《みおもて》川支流、末沢川のイワナである。釣

知人の滝川さんがたくさんの硯石を拾ってきて、硯談議に花が咲く

工房内寸景。向かって右奥にロクロがある。陳列品はいつでも見学、購入できる

登り窯の焼成中の温度は1300度。窯出しは不安と期待感が交錯するひとときだ

果は二時間で六十三匹だが、それにも増して記憶に残るものは、彼《か》の地では出戸《でと》とかシノ山といって、五月頃からの二カ月あまり、村では貴重な現金収入の道として、本村から遠く離れた山合いにゼンマイ小屋を建て、一家そろって働くことだった。

小学生といえども、それは重要な労働力としてあてにされていた時代。梅村さんが担任するクラスの中には、そんな子供たちが何人かいたのだ。丸二カ月の空白となれば、教える側としても非常に苦慮するところ。しかし、事情もよくわかる。今でいう家庭訪問としては、いささか気の遠くなる山越えの道程だが、小国川の荒川で最終の集落、徳網《とくあみ》からひと山越えた末沢川に出かけたのは、そんな理由があってのことだった。

当初、そろそろ子供を学校に——、と相談するつもりでいたが、いざゼンマイ小屋にたどり着くと、その児童は一生懸命働いていたのだ。しかも煤で顔は真っ黒である。その様子を見た梅村さんは、「何もいえませんでした」、と当時を述懐する。結局、その日はゼンマイ小屋に泊まることになり、夕方近くその子を連れてイワナ釣りに興じた次第。竿と毛鉤一式は、小屋脇に置いてあったものを使う。そう、深渓の畔りに建つゼンマイ小屋の傍らには、たいてい粗末な釣り竿が置かれていた。山人たちにとって、寸暇を惜しんで釣るイワナは、貴重な蛋白源だったのだ。用いる毛鉤は、「ゼンマイ胴の毛鉤」と称し、ゼンマイの綿毛を胴巻きに利用したものだ。今ではとても考えられない、良き時代のエピソードである。

梅村さんが、時折流れの中の石を拾い上げては、何やらつぶさに窺っている。その仕草に私は、なかなか毛鉤に出ない相手に業を煮やし、ついに川虫採りでもはじめたと思ったが、どうもそうではないらしい。いずれも黒い石を持ち上げては、コンコンと叩いている。

実はこの黒い石は、当地に古くから伝わる「黒鴨硯《くろかもすずり》」の原石だったのだ。黒鴨とは、実淵川の最終集落名で、硯はもちろん毛筆のときに墨を摺りおろす道具である。村の言い伝えによれば、昭和初期頃までは、黒鴨の村にも鮎貝の町にも、この硯を作る人が数名はいた。が、いつしか途絶え、前述の深山焼同様、梅村さんが着目して手を加えて復活したのだ。

この硯も大変古いことは、梅村さんのしたためた『黒鴨硯由来書』を見るといいだろう。要約してお伝えすると、

――米沢藩制時代、上杉鷹山公は困窮した藩財政を建て直すため、産業振興を推し進め、すべてにわたって自給自足の政策をはかった（注・明和四年＝一七六七年＝の大倹約令他）。黒鴨硯は、このころ（安永年間＝一七七〇年ごろ）より、町内を流れる実淵川の

自然石に彫り始められたという。（中略）米沢には、現在も上杉鷹山の自筆になる幕府の学問指南宛の黒鴨硯献上の書付が残っている——

幕府とはもちろん江戸幕府のことで、この話から察すると、黒鴨硯が盛んに作られたのは、江戸時代後期のこと。黒鴨硯の復活にあたり、梅村さんはまず村の古老から埋もれた話を発掘し、自らも硯石の産地として有名な宮城県の南三陸、雄勝《おかつ》や女川《おながわ》に出向いて、その製作技術を覚えてきたのだ。しかし、原石の相違に気づいた梅村さんは、幻の深山焼同様にひと工夫を凝らしている。誌面の都合で多くを語ることはできないが、こちらは鑿《のみ》や鏨《たがね》も通用しないほど硬質だったのだ。そのためダイヤカットと呼ぶグラインダーで粗仕上げをするが、それでも何度も削ったり磨いたりの工程が多く、一日で二面、つまり二個分を作るのが精いっぱいだ。

梅村さんは気に入った原石をひとつ持ち帰ったが、私たちが川に出かけていた間、氏の友人、滝川知一さん（六十九歳）が、「先生が留守ならその間、硯の石でも拾ってくるべ」と、たくさんの原石を実淵川から持ってきてくれた。お二人によれば、硬くて重たいもの、そして傷のないものが硯石に適しているという。工房の脇に無造作に置かれていた黒い石、また私が実淵川の流れの中でふと気になった黒っぽい石も、すべてその正体は、黒鴨硯の原石だったのだ。

深山焼は梅村さんのやさしい心根の通り、土のぬくもりを失わない素朴な焼き上がり。また艶やかに仕上がった黒鴨硯も、非常に硬いので彫刻とか装飾が難しい――と述べるように、自然石そのものを生かした風雅な姿は、むしろ梅村さんの意図するところである。陶人とともに、工人でもある梅村さんの作風は、竿と糸を通して大自然と対話する、心のゆとりが源流だろう。

別れしなに、私は数点の作品を頂戴した。

実淵川での思いがけない出会いは、魚と人ばかりか、その風土も教えてくれた。

渓流の釣りは、出逢いの旅である――。

〈文庫版付記〉

深山の里の「梅芳窯」は、その後小松さん（白鷹町内にて「童《わらべ》工房」として独立）の次のお弟子さん、金田利之氏の「つち団子」として継続されている。

出羽三山、施薬小屋物語

山形県の出羽山地に聳《そび》える月山《がっさん》（一九八四メートル）と湯殿山《ゆどのさん》（一五〇四メートル）、加えて羽黒山（四一四メートル）の一帯は、俗に「出羽三山」と呼ばれ、「羽黒山の天狗」、「湯殿山の即身仏（ミイラ仏）」など、山岳信仰の霊山としても古くからよく知られている。

羽黒の天狗伝説は後に触れるとして、湯殿山の即身仏は今も朝日村の梵字川、その支流の小網川や大網川沿いの注蓮寺、あるいは大日坊に安置されている。

即身仏とは、日々の煩悩を絶つために、魚肉をはじめ、五穀に十穀、さらには水をも絶てば、人間が生あるままに仏になれるという考えだ。このほかにも粗食をもって、冬季百日間山に籠《こも》って修行をする、すなわち百日修行なども行なわれていた。普通このような修行を行《ぎょう》と呼び、行をする人を行者、あるいは行人とか山伏ともいうが、一般的には修験者《しゅげんじゃ》と呼んでいる。さすがに現在では、魚とか肉、さらには五穀を絶って、冬季山に籠って修行する人はいないと思うのだが、この出羽三山では、毎年の山開き（湯殿山が六月一日、月山は七月一日）を迎えると、全国各地から参詣者がやってくる。

湯殿山神社の梵字川、その聖なる流れで水垢離《みずごり》をする人たちは、文字通り身も心も清めて精神の統一をはかる人たちだ。また月山の山頂近く月山神社で頭《こうべ》をたれて合掌する人たちは、おそらく家内安全や五穀豊穣を祈る人だろう。登山を楽しむ人たちと違い、ひと目でわかる白装束の方を、ここでは行人さん、あるいは行者さんとか道者さんと呼んでいる。

ところで、出羽三山の表玄関に相当する羽黒山から見ると、一番奥に位置するのが湯殿山。したがって、昔はこの湯殿山を奥の院と呼んでいた。「三山掛け」とは、羽黒山神社をスタートに、月山、湯殿山の各社を参詣することをいう。また、羽黒山から月山を目指すことを「表掛け」、その反対に岩根沢とか本道寺、いわゆる志津からのぼることを「裏掛け」と呼ぶ。

かつて出羽三山の主峰、月山の頂にたどり着いた松尾芭蕉は、息絶えだえに、身をこごらせて、ようやく頂上に至り、

雲の峰　いくつ崩れて　月の山

と詠んだというが、その月山も夏は八合目近くまでバスが走る。一方、神秘の聖域といわれ、語るなかれ、聞くなかれと伝えられた湯殿山も、月山同様にご神体のある湯殿山神社までバスが運行している。

古き時代、己の足だけが頼りの三山掛けは無事にそれを済ませば、何かをやり遂げた充実感が人々の心に漂ったはずである。

ここでは、出羽三山の山中で、行者さんを相手に代々薬湯を供している「施薬《せやく》小屋」の主人、石井万治さんの話を月山から届けよう。一時期、イワナ釣りにも大変凝った石井さんは、里から遠く離れた月山から湧き出す流れ、そのすべての源流だけを釣る〝雲の上の釣り人〟だった。そんな石井さんの数々のエピソードを交えながら、まずは羽黒山の天狗伝説、そして施薬小屋の起こりについて記してみよう。

信仰の山と施薬所の由来

羽黒山の天狗伝説は、その昔、皇位に就くはずの蜂《はち》子皇子が、蘇我氏に父、崇峻《すしゅん》天皇を殺されたのを機に仏門に入り、聖徳太子の勧めで出羽の国（現在の山形県）を訪ねたことに由来する。

はるばる日本海から出羽国由良の港に着いた蜂子皇子改め弘海は、さて、これからの道順をと躊躇《ちゅうちょ》していると、そこに突然三本足の大烏《からす》が飛んできて、わが身を導く素振りをするため、この大烏についてゆけば、ようやくたどり着いた所は老樹うっ蒼と茂る霊山、現在の羽黒の阿古谷だった。皇子は道案内をしてくれた大烏の羽色にちなみ、ここを羽黒山と名づけたが、後世なぜか、羽黒山を開基したといわれる蜂子皇子は、顔は醜く巨人であった、と伝えられている。

つまり、この巨人伝説が、そのまま「羽黒の天狗様」になってゆくのである。しかし、これには他説もあって、行者とか山伏と呼ばれる人は、呪術や薬法を心得ているために、今でいう超能力者、すなわち不思議な力を秘める天狗になったという説。また、今も各地の山間部にその足跡を残す木地師とよく似た産鉄族（タタラ師。タタラとは古代の溶鉱炉のこと）の集団が、実は三山信仰の起源ではなかったかという説である。とくにタタラ師の場合は、高熱の火力を扱うために目をやられたり火傷が絶えない。したがって顔が醜いとの表現は、むしろこちらのほうで、巨人伝説をはじめ、月山の雪消えの言い伝え、「一本足のダイダラ坊（巨人のこと）の足跡」も、実はタタラ師が火を起こすときに踏むふいご踏みが、一本足だから――、というものである。なおここで大変気になるのは、産鉄族と呼ばれた人たちの中に薬師と称される者がいたことや、当山には人間の一切の病気を治すという薬師如来像が祀られていること、昔は薬草がたくさん採れたという薬師岳（一二六二メートル）も湯殿山の近くに実在することだ。

霊山、あるいは霊場としての出羽三山の起こりは、以上のようなあらましだが、行者さんを相手に薬湯を供する小屋ができたのは、いったいいつ頃のことなのか、実は定かではない。

出羽三山神社の神拝詞、『三山祝辞』の中には、「～三山は金銀を土と為し珠玉を石とす。甘露零《お》ち寶泉《ほうせん》湧く五味の薬湯溪間に迸流《へいりゅう》す～」との一文も見えるが、これは前述の薬師岳の裾を割って流れる温泉が湯殿山神社のご神体であること、すなわち湯殿山神社のご神体は薬効、つまり霊験あらたかであることを述べている。

昔は羽黒ののぼり口（羽黒口という）から月山に至る道順には、一合目から十合目まで、各節目に休み処があり、それぞれの茶店にはトコロテンとか赤飯に安倍川餅が置かれ、いずれも名物になっていた。その折、これから山頂を目指す人に、白湯や茶の提供をするより、少しでも活力源となる薬湯の提供を、というのが施薬小屋のはじまりかもしれない。

かつて出羽三山には、薬湯を供する場所がずいぶんあった。羽黒山や湯殿山に月山山頂はもちろんのこと、各のぼり口の志津とか姥沢小屋等々……。それがいつの間にか消えていったのは、昭和三十五年頃のこと。奇しくも世は登山ブーム全盛の時代、ジュースや各飲料水が台頭した頃である。

月山山頂近くにある「湯殿山施薬所」。後方の山は姥ケ岳

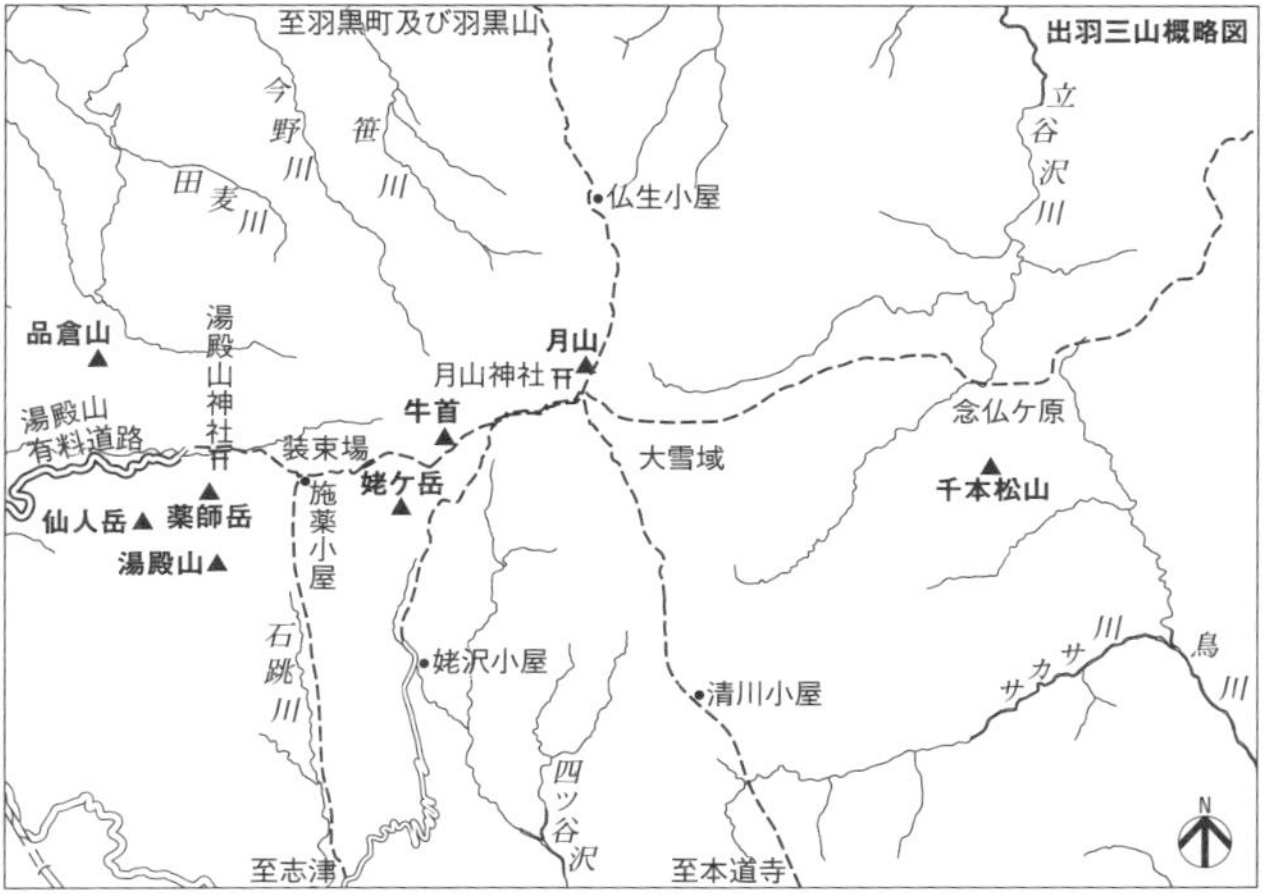

月山の自然、行者とともにあった施薬所

湯殿山施薬所、通称「施薬小屋」は、湯殿山神社を過ぎてはるか下方に梵字川の谷間を望む頃、水月光、金月光と呼ばれる月光坂の石段や鉄梯子をのぼり終えた、「装《しょう》束場《ぞくば》」と呼ばれる近くにある。ここは湯殿口からのぼった場合、月光坂が急登な難所であるだけに、誰もがひと息入れたいところである。小屋の背後には、その名の通りのなだらかな姥ケ岳（一六七〇メートル）が聳えるが、残念ながら施薬小屋から月山の頂は望めない。正面の柴灯森《さいとうもり》や牛首に隠れてしまうのだ。が、月山の頂上から届く爽風は、誰もがホッとする。

「お疲れさん、休まんしゃい！」

月山からおりてくる人も、また湯殿山からのぼってきた人も、この小屋の前を通るたびにそんなかけ声を背に受ける。一方「いやいや、今年はしんどい、ずいぶん時間がかかってしまったなァ」、笠を取るなり首からかけた手拭いで、汗を拭き拭き小屋に入ってくる人は、年に一度の再会ながら、長年のお馴染みさん。

「いや、この歳になんと、ここでの薬湯が楽しみでなァ。この何ともいえん不思議な味、これがいいんだナ。あんたも飲んでみなさったか……」

とおっしゃるその方は、同じ山形県下でも新庄からやってきた人という。もう三山掛けは、三十年の上になるそうで、昨晩は月山の山頂に泊まって、今夜は湯殿山に泊まるという。この人は地元の出羽三山はもちろんのこと、遠くは九州の英彦《ひこ》山とか出雲の大山、さらには大和の大峰に加賀の白山や越中の立山等々と、全国各地の霊峰を巡ることを生涯の楽しみにしているそうだ。

「他人《ひと》様は、元気なうちとか元気だからこそ山にものぼっていられんだ、といいますが、実はそうじゃないんだナ。今年も山にのぼろうと思えばこそ、気持ちも体も元気になるようだ……」

その人との別れしなに、確か七十歳と伺った私は、お歳よりもはるかに若い足取りと、そっと呟いたひと言に、何か心に残るものを感じていた。小半日、施薬小屋にお邪魔をさせていただいた私だが、この後も大変元気な八十余歳になるという方ともお会いした。なお石井さんが正式に父、甚太郎氏からこの小屋を受け継いだのは、昭和三十二年だが、それより前の少年時代からずっとこの山にのぼっては父の手伝いをしていた。

大正十二年生まれの石井さんは、今年六十七歳。自宅は羽黒町の旧手向《とうげ》村、院主《いんじゅ》南という所。生地の地名が示すように、石井さんの家は出羽三山信仰に少なからず影響を受けているが、これは石井さんの家ばかりではない。いい換えれば、羽黒町の手向に住む人たちすべてが、なんらかの形で三山信仰に関わっている。なぜなら、その昔、この村が羽黒修験道として栄えた時代には、その中心地の役割を果たしていたし、現在でも羽黒口と呼ばれ、最も賑わう所である。参詣者の宿泊する施設を、ここでは宿坊と呼ぶが、この村にその数はいったいどのくらいあるだろう。村全体が樹齢数百年もの大杉に囲まれた様や、苔むした石垣とか狭いながらも整然とした小路、そのどれを見ても、この村の歴史の深さと重みを、誰もが感じることだろう。父、甚太郎さんは、昭和三十二年、七十八歳で他界したが、魚や肉を摂らずに冬季の羽黒山山頂に籠って百日修行の荒行を成し得た人である。百日行を修めた人は、権大僧都《ごんだいそうず》といって修験者の中でも最高の位になるが、石井さんの自宅に掲げてある故人の遺影は、鈴懸《すずかけ》に頭巾《ときん》、手には錫杖《しゃくじょう》を持って実に荘厳な姿である。

施薬小屋は、なんでも甚太郎さんの兄がやっていたものを父が引き継ぎ、そのまま万治さんに受け継がれた経緯を持つが、それ以前のことになると残念ながら不明である。手伝いのために、万治さんが施薬小屋にのぼったのは、小学校六年生のときだった。現在では、毎年の山開きを前にした六月半ばに小屋を建て、早くも九月中旬には解体して下山するが、たった二カ月あまりの営業は、月山の短い夏のためである。今は小屋の資材やその他の物も、すべてヘリコプター輸送でアッという間に済ませてしまうが、昔は羽黒の自宅から小屋へ向かうだけでもたっぷりと一日を要したものである。

少年時代の小屋行きは、毎年夜の十二時に羽黒の自宅を出発するのが習わしだった。暑くなる前に距離をかせいでおくわけだ。ピークの月山を越えて、小屋へ着くのは早くても夕方の六～七時。それから立木を骨組みにして、ヌマと称する藁編みの笹小屋を建てるが、雨が通らないように屋根代わりの筵《むしろ》をかぶせることが大切だ。

小屋行きは、荷運び専門の強力《ごうりき》を雇ってだいたい五～六名。大人は平均、十五貫目（約五十キロ強）の荷物を背負ったが、少年の石井さんは、各自の弁当を持ったり小物類をかつぐのがほとんどだ。子供とはいえ、重要な労働力としてあてにされた時代である。なお、昔も今も毎年小屋をつくっては解体するのは、彼《か》の地が神聖な場所ゆえに永久的な構造物が建てられないこと（周辺の道路および管理は湯殿山神社だが、現在は磐梯国立公園の管轄である）と、石井さんの小屋の位置する場所が特別雪の吹き溜まりになるためだ。ここではよほどでない限り、ひと夏を月山山頂近くの施薬小屋で過ごすが、今までで一番怖かったものといえば、それは時折やってくる夏台風の襲撃だ。とくに雨よりも風、こちらの方がずっと怖い。過去二回、台風による突風のために、施薬小屋はアッという間もなく飛ばされたが、このときは裏手にある鉄筋コンクリート造りのトイレに逃げ込んで無事難を逃れている。

「あんときは、とても怖くてトイレの中でかあちゃんと抱き合ってたが、ホント、生きた心地がしなかったなァ」

と苦笑する。里では想像もつかぬ事態が山の上では起こる、このことは山ばかりでなく自然に関わる者が忘れてはならない言葉だが、そのほかにも施薬小屋には体調を崩したり、突然のアクシデントに怪我とか骨折をして助けを求める人たちも多い。地元では施薬小屋を、別名「お助け小屋」とも呼び、ヘリコプターによる救出は、年に四〜五回もあるそうだ。そしてなかには不幸にも命を落とす人もいる。

現在、石井さんは月山小屋組合の組合長として活躍しているが、施薬小屋は、多くの人たちにとって、大変心強い存在になっている。

寡黙な男とイワナの隠し釣り場

私が石井さんのことを知ったのは、数年前に出かけた月山から流れ出す立谷沢川の、とある支流で出会った山菜採りの人の話からであった。

季節になると、月山の山小屋で薬湯の商売をするが、その人は山菜やキノコも採れ

通称「施薬小屋」で憩う行者さん。小屋では石井さんの顔にもしばしば笑みがもれる（上）。「三山掛け」は羽黒山、月山、湯殿山の順にお参りすることをいう。そして行をする者を行人さんとか行者さんと呼んでいる（右）

先祖代々の大釜から薬湯を注ぐ。何度も味見する石井さんの姿が印象的だった（左）。羽黒の自宅に干してあった薬草の数々。前列左よりゲンノショウコ、フシニンジン、ホウレン。後列同アマチャヅル、トウキ、シシタケ、サルノコシカケ（下）

ばイワナも釣る——、それが石井万治さんのことだった。その石井さんにお会いしたのは、今年の五月下旬のことである。各地で積雪量の少なさが話題になったが、羽黒の里から見上げる月山は、まるでプリンのように、まだ多くの雪を残していた。

なるほど石井さんは寡黙な男である。というのは、この町にそれとなく出かけていた私は、あるとき石井さんのことを村の人に尋ねたことがあった。大変物知りな人だが、はたして通り一遍の人にいろいろ話してくれるかどうか。それが石井さんにお会いするまでの、こちらが得た唯一の知識であった。

羽黒の自宅に招かれた私は、先ほどから石井さんの〝山語り〟に期待しているのだが、どうも会話が進展しない。石井さんは私の問いかけに、とりあえず答えてはくれるが、それ以上になると再び無言になってしまうのだ。たとえば、「薬湯にはどんな薬草とか種類が入っているんですか……」と聞いても、石井さんはただひと言、「それは秘伝だから……」というばかり。

今まで知らなかった薬草の話を聞けると思っていた私は、すっかり肩透かしを食った格好だ。そのほかにも月山周辺で見られる薬草とか煎じ方なども教えていただきたかったが、こと薬草の話になると、まるで閉じた貝のように無言。が、これは無理もない話で、どこの馬の骨ともわからぬ者がある日突然やってきて、代々秘伝のはずの薬湯の話をしてくれといわれても、「はい、そうですか」と語れるものではない。

山人と呼ばれる人たちは、常に大自然とおしゃべりをするせいか、よくいわれるように朴訥で人と接するのが苦手な人が多い。こういった場合には、こちらの素姓をわかっていただけるまで時間をかけなくてはならない。

石井さんの目が輝き、少年のような明るさを取り戻したのは、午後から出かけた手向の村はずれ、笹川でのこと。午前中とはうって変わり、雨模様の笹川行きとなったが、石井さんは雨と汗にまみれたズブ濡れの顔を、くしゃくしゃにして喜んでいた。

それは、石井さんの愛竿に型のいいイワナが釣れた瞬間である。石井さんの釣りは、里での釣りはまれで、すべてが月山山頂近く、施薬小屋をベースにしたものだ。つまり、その入渓点は、月山から滴るひと雫の流れからはじまるが、いったんある地点までくだってから竿を振り、イワナや流れが消えてもそのままのぼって最後には自分の小屋へ帰るのだ。

普通の釣り人は、たとえ魚止めや稜線を越えようとも、最後には再び流れを、あるいは山をくだってわが家に帰らなくてはならない。が、石井さんの場合には、前記の通り天上の釣り、すなわちはるかな雲の上の釣り人なのだ。ただし、石井さんの釣りは、月山の山小屋に入ってからはじめたわけではない。幼少の頃、すでに川遊びや山遊びの好きだった石井さんは、毎日のように手にはヤスを持って、すぐ近くを流れる京田川でマスやヤマベを突いていたのだ。

マスとは、もちろん日本海から最上川経由でのぼってくるサクラマスのことで、ヤマベはヤマメ。この周辺の川に、今のような護岸帯ができる前のことである。また話は変わるが、同じく京田川とか今野川のようにイワナの生息域は、今よりも昔の方がもっと下流だった。現在のようなほぼ最源流までの生息は、いずれもある時代に誰かの手によって、魚止滝の上に放流されたものである。このことは月山から流れ出す諸渓でも同じことがいえる。

もう四十年も昔のこと。施薬小屋で手伝いをしていた万治青年は、あるときとんでもない山の中で、ひとりの男に出会った。石井さんが今もってそのときの強烈な印象を忘れないのは、その老人が山の中では不似合いな、一本の延べ竿を手にしていたことにある。近くの溪は、ずっと下流に数十メートルの滝があって、それまで滝上の流れにイワナは棲んでいないといわれていた。

「おじさん、竿持ってどこ行くネ……!」

「なになに、山菜採りサ……」

このときの会話は、たったこれだけのことだが、その老人は地元で呼ぶところの

石井さんの釣り姿。ビク代わりのテンゴ（ハケゴ）と彼お手製の大きなリュックは、イワナだけでなく様々な山の幸を相手にするためのもの

思わず少年のような笑みを浮かべた彼はうれしそうに「これはいいイワナだで」と呟いた

「川雑っ子専門の漁師」、つまり職漁師だったのだ。

あるとき石井さんは、どうにも気になるその渓へ竿を持って出かけたことがあった。そして、そこで見たものは、まさにイワナたちの乱舞であったのだ。このイワナはもちろんあの川雑っ子専門の老人が、自分の隠し釣り場としてつくったものに間違いなさそうだ。石井さんはこれに真似をして、石跳川やほかの渓へも同じ試みをしたところ、結果は上々、自分とイワナだけの世界がやがてどんどん広がっていったのだ。石井さんの釣ってくるイワナは、施薬小屋で家族が食べるおかずとしては、蛋白源どころか豪華過ぎるほどのご馳走になった。

ところがこの数年、石井さんは竿を振っていない。それは、石井さんだけが知っていた天上の釣り場に、今や多くの訪問者が現れるようになったからだ。自分とイワナだけの世界が、いつの間にか崩れてしまったのだ。おそらくあの日の笹川でのひとコマは、石井さんの数年振りの笑顔だったに違いない。

薬湯の秘密よりも一杯の暖かいもてなし

月山の頂上近く、施薬小屋を訪ねたのは、今年の八月、お盆休みのときだった。私の顔を見るなり、

「やあ、やあ、よく来なさった。湯殿から……？　月光坂はちときついでナ、さあ、さあ中へ！」

石井さんの笑顔の歓迎は、二度目の対面のせいかそれとも下界と離れた山小屋での再会のせいだろうか。施薬小屋に一歩足を踏み入れると、思わず漂う香気は、ウム、これが薬湯の匂いか、とも思ったが、どうやらこれはマイタケのあの独特の芳ばしい香りのようだ。

「石井さん、薬湯には、マイタケも入れるんですか？」

とこちらが聞けば、石井さんは笑いながら奥から両手一杯のマイタケはマイタケでも、ブナの切り株等に発生するトンビマイタケを見せてくれた。このトンビマイタケは、毎年この季節に自分だけが知っているシロ（場所のこと）から今しがた採ってきたものだ。

一方、盛んに調合してから火にかけられた釜の中には、もちろん薬湯が入っているのだが、石井さんの何度も味見をする姿が印象的である。ずいぶんと年季の入った釜は先祖代々のもので、薬湯の値段は湯呑み茶碗一杯で二百円。ただし、お代わりは自由のようだ。

やがて、釜の蓋のわずかな隙間から湯気が立ちのぼると、件《くだん》の薬湯ができ上がったのだろうか。柄杓《ひしゃく》でくんだ薬湯を、湯呑茶碗に注いで手渡してくれた。石井さんの手にも同じ湯呑茶碗がのっている。薄目の緑茶をもう少し明るい色にした、とたとえればいいだろうか。

茶碗の縁にそっと唇を寄せれば、何ともいえぬ不思議な香りがする。ひと口口に含めば、この味わいはいったい何と表現したらよいだろう。

「五味の薬湯、溪間に迸流《へいりゅう》す」

五味とは、人間が舌で感じる甘い、辛い、酸っぱい、苦い、しょっぱいの五つの基本的な味である。石井さんの薬湯もまた、この味わいを大切に守っている。薬湯の成分や秘密を知るよりも、はるかな山の上でいただく一杯の暖かいもてなし、これが山を旅する者にはたまらない薬効であるはずだ。

現在、月山山頂付近にて、薬湯を供する人は、石井万治ただひとりとなった——。

〈文庫版付記〉

本文掲載の施薬小屋は、現在避難小屋として使われている。また薬湯は、羽黒山の茶店にて賞味することができる。

背負子の人生

歌にも歌われ、多くの人に愛される尾瀬。その尾瀬に、昨年は多いときで一日に数千人、年間では五十一万人が入山した。なかでも尾瀬ケ原や尾瀬沼に、ミズバショウやニッコウキスゲの花の咲く頃が、最も人気のあるときだ。

その季節、尾瀬をよく知る人の話では、湿原の木道《もくどう》では交通整理が必要なほどで、その人混みは、まるで歩行者天国かデパートのバーゲン会場のようだという。このため近年の尾瀬の話題になると、つい環境破壊や自然保護の話が目立つが、現実問題として尾瀬に限らず、自然の中にこれだけ多くの人が集まれば、その影響力は甚大だ。したがって、現在の尾瀬を語る場合、この問題は避けて通れぬほど深刻だが、ここでは本題と趣を異にするため、この話には触れないでおく。

ところで、毎年尾瀬にやってくる多くの人を、一手に受け入れているのが、当地域にある山小屋やキャンプ場。現在の尾瀬には二十あまりの宿泊施設があるが、尾瀬に泊まる場合、多くの人はこれを利用することになる。しかし、山小屋の名にふさわしかったのはずいぶん前のこと。今や一度に数百名が泊まれる上に、売店や大食堂、はては水洗トイレに乾燥室も完備となると、まるでどこかのホテル並みである。もちろん建物は尾瀬の景観にふさわしい木造だが、室内ほかはその限りではない。また山小屋で提供する食料品などは、いったいどのくらいの量になるだろう。おそらくシーズンを通すと、われわれの予想をはるかに超えるだろう。

以上のように、昔では想像もできなかったことが、今や当たり前になった尾瀬。それらがすべて可能になったのは、山小屋に届ける莫大な機材や物資が、ヘリコプター輸送になったからである。

尾瀬への群馬県側の登り口、戸倉を基点にすれば、現在、ヘリポートは鳩待峠と大清水の二カ所にある。ここなら、たとえミキサー車からおろしたばかりのセメントや数百人分の食料といえども、尾瀬の山小屋へは二〜三分の距離である。したがって、ひとっ飛びとは、まさにこのことだ。

それでは現在のヘリコプター以前の荷運びは、どのような方法だったのかというと、意外にも尾瀬ケ原に荷馬が歩く時代もあれば、多くは人が背負って運んでいた。当時、尾瀬では、この人たちを「馬方さん」、あるいは「背負子さん」と呼んでいた。馬方さんについては後に触れるとして背負子さんは、荷物を背負う、あるいは道具としての背負子が語源である。

現在、尾瀬の魅力といえば、様々な湿原植物のほか、尾瀬ケ原や尾瀬沼、さらに燧ケ岳や至仏山等々、様々な景観をあげる人が多い。が、以前の尾瀬名物といえば、さらにイワナと背負子さんが加わったものである。しかし周知のように尾瀬のイワナについては、他の動植物同様、昭和四十二年に上高地の梓川とともに、天然保護区域として特別天然記念物に指定された。以来、その実態は不明である。

一方、専業の背負子さんも、先のヘリコプター輸送以来、その姿は減少し、今は学生アルバイトが主体の時代。しかし、ここにも、自らの人生を賭けたあるご夫婦の「背負子の人生」があったのだ。

〝背負子の佐久間〟が生まれるまで

背負子、つまり山の荷あげ話として、とくに有名なのが、新田次郎著作の『強力《ごうりき》伝《でん》』である。

この話は、富士山一の強力、小宮正作が白馬岳山頂に風景指示盤、およそ五十貫目（約百九十キロ）の巨石を二つも上げ、最後には非業の死を遂げる物語だが、背負子に荷をつけて運ぶ稼業を、この強力のほか地域によってはボッカや持子《もちこ》、さらにはカルコなどと呼んでいた。強力は文字通り力持ちの意味で、ボッカは「歩荷」や「僕荷」の字を当てる。また、持子は持つ人の意味で、カルコも同様に「軽子」などと表現する。ところが、尾瀬ではもっぱら背負子だが、当地を二分する群馬県と福島県では、呼び方に若干の相違がある。前者は、前にも触れたように「背負子さん」、しかし、後者は「背負子《しょっこ》さん」と呼ぶ。が、参考までに記しておくと、都会のお客さんは、彼らのことを「強力さん」あるいは「ボッカさん」と呼ぶ人が多い。ただ現在はこれらすべてが混同して使われている。

その尾瀬に、専業の背負子さんが登場したのは、そう古い話ではない。少なくとも世に尾瀬の人気が高まり、多くの人が入山した昭和三十年代半ばからである。それまでは尾瀬における荷運びは、もっぱら馬が主役だった。

尾瀬の山小屋に荷を運ぶ場合、戸倉が基点になったのは、福島県側の檜枝岐《ひのえまた》より荷がそろいやすく、運ぶのに便利なためだった。そのため福島県側の山小屋も、多くは群馬県、なかでも玄関口に相当する戸倉に依頼した。

尾瀬の山開きは、例年四月二十日頃。荷馬には、普通二十から三十貫目（約八十キロから百二十キロ）の荷をつけるが、尾瀬に雪のあるうちは富士見峠まで、そこから先は人が運ぶ。そして本格的に尾瀬にも馬が入るのは、六月中旬頃のこと。普段は四〜五頭だが、荷物の多いときは十五頭近く。こうなると馬主のほか、馬子も何人か必要

尾瀬ケ原を行く佐久間幸吉さん。あの木道には、彼らの汗と足跡も印されている（同氏のアルバムより。233ページの3点も同）

になる。

当時を振り返り、次のように話してくれたのは、後に背負子として活躍した佐久間幸吉さん（六十歳）の奥さん、キヨ子さん（五十八歳）である。

「尾瀬がはじまると、戸倉を朝早くたって、毎日荷運びに行きました。私が娘時代のことでした。なかにはいうことを聞かない馬もいて、とても苦労しました。しかし、何が大変かといえば、帰り道でした。行きは、まだいいんです。荷の軽い馬にのれることもあるので……。ところが尾瀬からのお客さんをのせれば、私たちは馬と一緒に歩かなければならなかったのです。村まで、夜道を歩いたこともありました。小屋では私たちの来るのを待っています。荷がある以上、雨だろうと風だろうとお天気には関係がありません。あの頃は、ホント、よくやったと思います……」

後に結婚して、夫婦で背負子の生活に入ったキヨ子さんは、戸倉に近い片品村、東小川の出身。キヨ子さんは縁あって当時全盛だった馬方として働いていたが、そのキヨ子さんが本格的な背負子の道に入ったのは、次のきっかけがあった。

先の幸吉さんと結婚したのは、昭和二十六年の正月、キヨ子さんが十八歳、幸吉さんは二十歳のときだった。お二人は、現在の戸倉スキー場の近くに家を借り、早速新所帯に入ったが、実はご主人の幸吉さんは、戸倉の人ではない。出身地は、新潟県東

奥さんのキヨ子さんは、娘時代、尾瀬ケ原に荷馬が通る頃から働いていた（後方は燧ケ岳）

背負子は黒檜《くろび》を削って自分で作る。写真の荷は100kg強だが、尾瀬の背負子として彼の名は有名だ

時には「一緒に記念写真を！」と黄色い声が飛ぶ。背負子さんにとって、ホッとするひと幕だ（尾瀬ケ原三又にて）

蒲原郡三川村。父、幸之助さん（故人）は、各地の山また山を巡る鉱山師。当時、幼なかった幸吉さんを連れて、一家が生地を離れ、群馬県の水上に近い上牧に住むことになったのは、幸之助さんが沼田町の郊外、戸神山（七七一メートル）に金鉱を見つけたからである。その頃の下沼田には、父経営の精錬所があった。いつしか幸吉さんの家は、「お手伝いさんもいれば、私などは乳母に育てられた」家柄になっていた。ところが一家の夢をはかなくも消し去ったのが、あの第二次世界大戦である。戦局がしだいに悪くなれば、片田舎の精錬所とて容赦はない。父が経営する会社は、軍に取り上げられた結果、多くの従業員を抱えたまま倒産したのだ。

そのため時の尋常小学校を、あと三日で卒業という日も待たず、幸吉さんが義勇軍に志願し、赴いた先は川幅およそ八百メートル、ソビエト（現ロシア）と敵対する旧満州（中国）の黒河《こっか》という国境警備隊であった。配属された部隊の中で、幸吉さんは最年少だった。やがて昭和二十年八月、現地で終戦を迎え、同年十二月に無事帰国。再び第二の故郷にやってきた。

帰郷後、沼田で大工を志すが、あいにく田舎町のために仕事らしい仕事はない。いつしか、「山仕事なら金になる」との噂を聞いて、戸倉で林業に就けば、ここで知り合ったのが、妻、キヨ子さんだった。時は、ちょうど尾瀬人気がはじまりだした頃。人も、荷物も、すべて戸倉の村を中心に動けば、この小さな村は、まさに尾瀬景気の真っ只中で当然山小屋に運ぶ荷物も多くなった。しかし、風光明媚な尾瀬の地に、多くの人がやってくれば、狭い道に荷馬の通行は邪魔になる。しかも、その糞尿は悪評の元だった。昭和三十二〜三年、尾瀬に馬を入れることが禁止になったのは、このような経緯があったからだ。こうなると、索道の敷かれていた三平峠は別にして、富士見峠や鳩待峠からの荷運びは、どうしても人手の欲しいところ。馬主以外は、キヨ子さんを含む女性三名だけで行なっていた荷運びは、より過酷なものになったのだ。当時の日雇い賃金は、男が六百円で女が四百円。彼女たちが衆議一決、荷主に求めたものは、世の女性並みの賃金と、男手を増やしてもらうこと。彼女たちの意見は、無事受け入れられた。なかには女だてらに、と陰口をたたく者もいた。が、幸いだったのは、異常とも思える尾瀬の人気のおかげで、村は猫の手も借りたいほど活気に満ちていた。

以上が、尾瀬に専業の背負子さん、そして後にこの人ありといわれた〝背負子の佐久間〟が生まれた時だった。

時代が変わっても生き続け、発展してきた尾瀬の背負子暮らし

幸吉さんが、背負子の道に入ったのは、こうした妻の勧めだった。

「あの頃の荷運びは、何が大変かって、そりゃ、もうエライことばかりで、毎日が必死でした。まず第一に、あの尾瀬ケ原、今でこそ木道は名物ですが、当時は板切れ一枚、何もありませんでした。百キロ近い荷を背負えば、腰までもぐることもしばしばで、田んぼの中を歩くどころか、一歩間違えれば、それこそ大事に至ります。私は気になりませんでしたが、うちの家内は、恥ずかしいからといって、モンペを二枚はき、谷地を歩き終えて、汚れた一枚を脱いだもんです。またいくつかある川には、当時、橋らしい橋はありませんでした。川が増水すると、それこそ命懸けでした。原（尾瀬ケ原）や川で何度転んでビンや卵を割ったかわかりません。預かった荷は、すべてこちらの責任です。翌日、同じものをそろえて届けにいったもんです……」

今や、尾瀬の一風景ともなった湿原の木道は、実は植物保護のためにつくられたわけではなかった。まだ尾瀬の木々を伐ることのできたその時代、困難を極めた湿原の道は、彼らの生活道として、立木などを切って利用したのがはじまりだった。今から、三十年ほど前のことである。

そして、そのころキヨ子さんは、妻として、あるいは女として、どうしても欲しいものがあった。一方の幸吉さんにも同じことがいえた。それは洗濯機とテレビだった。毎日出る汚れ物は、あの湿原を歩くだけに尋常ではない。しかも朝早くに家を出て仕事を済ませば、もう翌日の準備に取りかかる。寝る暇もないとはまさにこのことで、二人はそれぞれが、お互いの目標を持ったのだ。村でもまだ珍しかった、洗濯機とテレビを一緒に買ったのは、昭和三十六年のこと。こうして二人の苦労は報われた。

ついで幸吉さんが、村でもまだ二台目という、二トン積みの古いトラックを買ったのは、それから間もなくのことだった。週末の尾瀬は、まさに人波のるつぼと化していた。まだまだ未舗装で悪路だった笠科川経由鳩待峠への道は、毎朝決まった時間に、満載の荷物と背負子さんをのせたトラックが通るので有名になった。

この頃になると、機動力にものをいわせ、多くの山小屋の荷を引き受けていた。専業の背負子さんのほか、地元の高校山岳部や大学生を含め、いつしか二人ではじめた背負子の生活は、四十人近い大所帯になっていた。

荷運びのためのヘリコプターが、はじめて尾瀬の空に飛んだのは、昭和四十五年頃のこと。日増しに増える荷物に、すでに人の手では間に合わなくなったのだ。幸吉さんのほか、同業者と燃料関係を扱うある商店。この三者が当地を管理する尾瀬林業さんに相談して、東京からヘリコプターを呼んで試みたところ、「こいつは具合がいい！」となったのが、現在のヘリコプター輸送のはじまりだ。

これを機会に尾瀬林業さんをはじめ、村役場からも仕事を受ければ、その勢いはまさに飛ぶ鳥を落とすほど。しかし、一度に数百キロの荷物を、一瞬のうちに運べるヘリコプター時代になっても、背負子の生活に変わりがなかったのは山小屋では常に新鮮な野菜類等を必要としたからだ。

余談ながら、荷あげを終えたヘリコプターにのって、東京へ飲みに行った話や、大枚を懐に、戸倉からタクシーで銀座、赤坂と泊まって飲み歩き、ようやく帰ってきた沼田の街で、「今、ツケで飲んでるから金持ってこい！」には、さすがの奥さんも呆れるやら悔しいやらで声も出なかったという。

豪放磊落な飲みっぷりは、つとに有名だった。背負子の道は、まさに力仕事。幸吉さんはこの道に生きがいを感じていたが、それは自らの天分といえただろう。後に幸吉さんは、尾瀬の背負子として、数々の武勇伝を残すが、その源は、鉱山師の父から受け継がれた血筋や、若くして戦地に赴いた覇気、それらすべてが無縁ではなかったはずだ。

一六四キロの重荷を運び切り、尾瀬に生きた男の値打ち

「私たちは、それこそ裸一貫で稼いできました。女の私でさえ、六十〜七十キロは毎日でした。実をいうと、あの頃の私は、スカートをはいたことがなかったのです。な

ぜかというと、へたな男の人より、ずっと筋肉質だったんです……」

現役時代の二人は、筋骨隆々どころか、肩には長年の背負子の紐（肩当て）で作られた溝さえできていた。この溝に、ピタリと背負子の紐が収まると、背中の荷は微動だにしなかった。その幸吉さんの名前が、今もって語り継がれているのが、百六十四キロの荷を背負って運んだときである。

荷物は、尾瀬ケ原でも一番遠い、温泉小屋に届ける自家発電機。このとき依頼した小屋の主人は、「目方をいうと、運んでくれない」と思い、ただたんに「俺ん所の荷物、運んでくれやァ」といっただけだった。

その日は、いつものように竜宮小屋へ届ける荷物、百二十キロを運び終えた後だった。明日を本番と考えて、件の荷物をまず鳩待峠から山の鼻までおろしておく予定だった。この区間は、距離にしておよそ四キロ、いつもなら一時間でたどり着くが、今日の荷物はいったいどうしたものだろう。両肩にのしかかる重みから、「こいつぁ、結構あるナ」と、このときすでに感じていた。しかし、予定の山の鼻どころか、さらに四キロ先の竜宮小屋まで、大岩のような荷物を運んでおいたのは、明日が少しでも楽になれば、と自分にいい聞かせたからである。午後の一時に鳩待峠を出発したが、再びこの峠に戻ってみれば、すでに高かった陽は、至仏山の陰に隠れかけていた。

翌日は、同じく自家発電機の残りの部分、百十キロを、鳩待峠から温泉小屋まで運ぶことからはじまった。ちなみに竜宮小屋から見晴し、通称下田代十字路経由で温泉小屋までは、約四キロの距離。したがって、鳩待峠から温泉小屋までは十二キロとみればよいだろう。

さて、一回目の百十キロは、苦もなく荷主に届けたが、問題は、前日に竜宮小屋まで運んだ百六十四キロである。見晴しで小休止をすれば、すでにその噂は周囲の人に届いていた。ほかの山小屋の人やお客さんまでが幸吉さんを励まし、声援を送ってくれた。こうして勇気づけられ、最後の区間、温泉小屋に向かって気力を振りしぼるが、「なんてたって、しんどかったのが、ゴールの温泉小屋が見えてから。小屋の玄関、わずかな高さ、最後のあと一歩が、なかなかあがりませんでした……」

百六十四キロは、背負子仲間だけでなく、時の尾瀬では知らない者はいないほど有名になった。しかし、あまり知られていないのが、百二十キロ、百十キロ、百六十四キロ、合計約四百キロの、たったの二日間で幸吉さんが運んだ荷の重量である。

「今思えばぞっとするし、考えただけでいやです。が、正直いって、あの頃は、若かったというか無鉄砲だったと思います。我ながら、よくやったと思います。でも、あのとき目方を聞いていても、きっとやったと思います」

初冬の鳩待峠にたたずめば、はるかな山合いに、想い出の尾瀬ケ原が見えた

二人で歩んだ背負子の道は、とても言葉だけではいい表わせないものがある

そのほかにも、風袋ともで一本四十キロのガスボンベを一度に三本かついだり、山小屋の新しい畳、八畳分を運ぶとか、不慮の事故で怪我をした人とか病人までも、背負子で運んでいる。

幸吉さんの背負子の人生に、百六十四キロ、輝かしい一ページを刻んだ日は、昭和四十七年、九月初旬のことだった。

また、三尺に近い大イワナ（注・実際は二尺八寸、約八十四センチ、昭和三十六年九月尾瀬沼）ばかりか、仕事の合い間には、小屋主からイワナの調達を頼まれるほど、幸吉さんは釣りも大好きだった。が、地元の漁業組合からその腕前よりも、力をあてにされ、尾瀬沼や尾瀬ケ原の川に、ヤマメの稚魚などを運んだこともあった。

尾瀬沼の場合、まだ周辺は深い雪だった。そのため酸素の入ったポリ袋の稚魚は、さらにダンボールに収め、ニゴリ沢の索道経由、ソリで運ぶことにした。一方、尾瀬ケ原へは、稚魚を背に鳩待峠を越えた川上川と猫又川へ放流した。その頃は尾瀬の魚もずいぶん少なくなった、と囁かれていた時代。

数年後の昭和五十二年、あれほど好きだった酒のために体調を崩した幸吉さんは、心機一転、沼田の街に家を建て、あの尾瀬を、そして戸倉を去っていった。このとき、別れの挨拶をした戸倉の人たちは、

「あんたら、たいしたもんだァ、家一軒《うち》尾瀬から背負出したんだから。こんだァ自分たちでつくった家だて、体大事にして苦労せんで過ごせや！」

何よりも温かい励ましだった。

誰ともなしに、幸吉さんの好きだった尾瀬ケ原のヨッピ川、その流れに「ヤマメの尺物が泳いでいる！」と耳にすれば、幸吉さんは、はるかな尾瀬に、自分たちの残した足跡を思い出すのだった。


「父ちゃん、この道、よく歩いたなァ」

「ウン、あそこに見えんのが、原（尾瀬ケ原）だんべ……」

ご夫妻とともに、鳩待峠の見晴しに立ったのは、間もなくここも白一色となる、ある寒い日のことだった。


〈文庫版付記〉

現在も尾瀬ケ原の木道では、背負子さんの姿を見ることができる。荷物は食料品が主体で、重量のあるものは、もっぱらヘリ輸送による。

竿師・正勇作

関東竿を生み出した竿師たちの系譜

　ある程度の年代の人なら、少年時代に近所に生えている篠やら竹などを、釣り竿代わりに使った経験があるだろう。古来、山野に様々な竹が自生するわが国において、釣り竿のルーツとは実はこの辺にある。篠ではいささか物足りないが、枝を払った一本の竹、これが釣り竿のはじまりだろうし、またこの竹を乾かして軽くしたり、火で焙って真っ直ぐにする工夫、これが釣り竿作りのはじまりだろう。

　伝えられるところによると、漁は別にして、昔の釣りとは武道または心身を鍛錬する場であって、遊びとか道楽として世に広まったのは江戸時代以降という。

　また、名のある竿師が生まれたのもこの時代。後に明治三名人とうたわれた竿師、三代目東作ならびに初代竿忠、初代竿治は、いずれも秦地屋《はたちや》東作（初代東作）の流れをくむもので、初代東作の創業は江戸期天明三年（一七八三年）といわれている。なお三代目東作は初代東作の孫にあたり、東作家では代々親子の関係をもって名を継ぐ習わしで、現在は六代目である。

竿の製作工程のひとつ、「選別」。数多い竹材の中からの選別は、竿師にとって長い経験と勘がものをいう(上)。和竿作りの半生を語る正勇作さん(左)

東作といえば、当時、延べ竿（一本竿）全盛の時代にあって、一本の竿を仕上げるのに、別の竹を切り組んで全体の調子を出した竿師としてつとに有名だが、この製竿技術は関東竿あるいは東京竿などと呼ばれている。

ここで関東竿の構造について触れておくと、仮に二間半（一間＝一・八メートル）、五継ぎのヤマメ竿を例にすれば、穂先に布袋竹《ほていちく》（野布袋と作り布袋がある）を用い、穂持ち・穂持ち下（または三番）・四番には矢竹《やだけ》（昔、弓矢の柄として用いたのでこの名があるが、節が低いので女竹とも呼ぶ）を用い、手元には淡竹《はちく》（こちらは節が多くて高いので男竹という）などを使用する。

なお昔は、今のような遠征釣行（？）も必要なかったのだろう。もっぱら延べ竿のような一本竿で間に合ったはず。やがてこの延べ竿を三本、あるいは数本に切って継ぐ技法（現在も庄内竿などはこの技法を継承）が、後の関東竿へと発展したようだ。

竿の継ぎには、主として小を大に差し込む並継《なみつ》ぎと印籠継《いんろうつ》ぎ（別名、竿継ぎ）があるが、普通女竹を用いた場合には並継ぎが多く、延べ竿や総男竹製の竿には印籠継ぎが多い。ちなみに前記の竿忠は漆塗り、竿治は火入れの技術に卓越した腕を持っていたことはとくに有名な話である。

ところで関東竿の総本家東作において、とくに多くの弟子を擁していた時代は大正から昭和四十年代に活躍した四代目の時代であった。後に一家をなす東治、東一、東忠、東金、東吉、東春、東正、東俊、東盛、東光、竹堂、寿作、佳作……（順不同）といった竿師たちは、現在、第一線で活躍されている竿師の親方あるいはお師匠さんである。

竹竿、そして竿師にとっての良き時代は、あの絢爛豪華な江戸期は別にして、四代目東作のお弟子さんたち、この竿師たちが活躍していた昭和三十年代までだろうか。なぜなら次の代の人たち、つまり四代目東作から数えると孫弟子にあたる竿師、この人たちが昭和三十年代中頃に登場したグラスロッドと戦い、また同じく四十年代後半に出現したカーボンロッドの普及にはもろに痛手を受け、今また新たな新素材による釣り竿をも知っている人たちだからである。

この時代のことを、ある竿師さんはこう話してくれた。

「いわゆるグラス竿が出たとき、私らはこんな味も素っ気もないようなベランベラン竿で、魚を釣るのはともかく、お客さんはけっして満足するはずはないだろう……」

しかしこの竿師の思惑とは裏腹にグラスロッドは日に日に改良を重ね、いつしか取り扱いや修理も簡単なら値も手頃。加えて持ち運びも便利、との声も上がり、やがてカーボンロッドの登場だ。同じ竿師さんの話を続けよう。

「最初はタカをくくっていたグラスがこれでした。しかしその頃はまだ良かったんです。まだまだ和竿を好む人がたくさんいましたから。ところがあのカーボンでしょ。これには正直いって参りました。アユ竿など何しろあの軽さ。これは誰でも魅力だったでしょう……」

東正工房の門を叩いた太田青年

戦後間もない昭和二十二年、この年、すでに四代目東作から独立していた東正工房にひとりの青年が入門した。この青年の名は太田勇二、十九歳である。

米どころの新潟県は頸城《くびき》の山の中、牧村の農家の七人姉弟のひとりとして生まれ育った太田さんは、尋常高等小学校を卒業すると、同村の青年学校に進学。ところがやがて戦争がはじまると、そのまま同地の軍需工場に入り、歯車などを作る鍛造の仕事に従事した。が、このときに覚えた鉄を溶かすコツは、石炭とコークスの違いはあっても、後の竿作りの重要な工程である「矯《た》め」とか「火入れ」のコツに、相通ずるものがあったというから、まさに人間、後で何が幸いするかわからない。

昭和二十年、終戦を迎えると軍需工場は閉鎖。一地方の農家といえども長男なら跡取りの道も残されているが、次男にそれは許されない。そこで、神奈川県で仕事をしていた義兄を頼って上京したが、あいにくこちらも終戦で今でいうところの解雇。ところが東正さんという竿を作る人が、新事業をはじめるに際し、人を探しているということを伝え聞いたのはちょうどそんな頃であった。とりあえず就く仕事があれば何でも良かった時代だったのだ。こうして太田さんは翌年、東正工房の門を叩いたという次第。

ところが東正工房での仕事は、いわゆる普通の竿師入門とはちょっと訳が違っていた。東正さんは、アメリカ向けの輸出竿、長さ九尺の三本継ぎ、穂先のスペアをつけたワンセット、これの輸出契約を整えていざその態勢に、というときだった。浦和の常盤町に設立した会社名はその名も「バンブー工業」。バンブーとはもちろん竹の意味である。東正さんを社長に社員十一名の内訳は、男が七名で女が四名だが、とくに驚嘆に値するのはこのときの男子従業員（?）の面々だろう。

東正さんはあの四代目東作のもとで、同じ釜の飯を食った兄弟弟子、寿作さんと東俊さんと自分を三本柱に置き、その下には太田青年ほか四名の見習いがつき、経理面には彼のお兄さんが担当になった。なお女性は材料の竹の皮を剥いたり磨く、いわゆる下仕事に従事した。

今にして思えば、名のある竿師がひとつ屋根の下で働く様子には、何かそうそうたるものを感じるし、また一同希望に燃えたことだろう。

ところが大誤算は早くもやってきた。その報は無事一回目の出荷を済ませ、引き続き次の仕事に取りかかったときだった。それは、九尺の三本継ぎ仕上げとは前にいった通りだが、この継ぎの部分、つまりジョイントの固定に釘を使っていたが、日本では何でもなかったことが向こうでは気候の違い、乾燥によってひび割れてしまったのだ。

今なら即刻リコール、すぐに修理してお詫びをすれば済みそうなものだが、当時は終戦間もない状況下。この一件で輸出契約は一発で反故になってしまった。結局、このときのバンブーロッドは向こうの釣り人が手にすることなく幻で終わり、彼らの元には多額の損害と何ともいえぬ挫折感だけが取り残された。

やがて、国内向けの生産に切り替えたバンブー工業では、輸出竿の悪夢から立ち直り、これですべてが順風満帆にいくかに見えたが、今度は税務署の摘発を受けてしまったのだ。バンブー工業に限らず、戦後の復興期のこの時代では、ほかにも多くの中小生産業者が景気の波にのるかに見えたが、多くは税務署の摘発を受けて足をすくわれたという。希望に満ち、そうそうたるメンバーで臨んだバンブー工業も、ついにここにきて力尽きた。これを機に東正さんは常盤町から同じ浦和の領家に移り、東俊さんと棟を並べて再び竿作りに励むが、多くの人たちが去った中で太田さんは東正さんと行を共にした。

昭和二十四年三月某日、この日を境に今度は一従業員としてではなく、本格的な竿作りの徒として東正工房にて再出発をした。

竿師『正勇作』誕生

修業時代の正勇さん（太田さんの通称）はもちろん親方の家に住み込み、竿作りの何であるかをみっちりと教え込まれ、長時間の仕事にも精を出した。このときのことを太田さんは懐かしそうに話してくれた。

「あの頃は、時間なんてあってなかったようなものでした。竿作りというものは区切りがつかない限り終わりがないんです。とくに塗り物（漆塗り）なんかは全部やり終わらない限り明日の仕事に差しつかえますし、こんなときは盆暮れでも夜明かしをしたものでした」

そして親方の教えは、「いわれたことは、死んだつもりになってやれ！」。これが口癖だったという。親方の東正さんは明治の生まれ。今でこそ健康をそこねて第一線を退いているが、朝湯が好きで気が短くワンマンなところは、職人気質とともに明治生まれの江戸っ子育ち（注、東作修業）といえようか。なお後年、太田青年のほかにも数名の弟子を擁していた頃の親方の仕事は、もっぱら「選別」と「切り組み」だった。つまり数ある竹材の中から竿としての適材を選び、これを切り組むことである。一本の竿を仕上げるのにはどの工程もおろそかにすることはできないが、まず親方が竹を選んで切り組み、後は弟子たちが仕上げに至るまでの仕事をする、これが東作家に伝わる流儀であった。頁の都合で多くを紹介することはできないが、ここで竿が仕上がるまでの工程を簡単に記しておこう。

●竿の製作工程

①仕入れ　竹を刈る、あるいは買いつけ
②晒《さら》し　矢竹でおよそ三〜四カ月
③切り組み　選別を含む
④矯《た》め　または火入れ、竹のクセを直す
⑤節抜き　昔はヤスリ、今は電動キリ
⑥小口合わせ　または小口切り
⑦糸巻き　昔は手巻き、今は糸巻き機
⑧継ぎ　差し込み具合や調子を見る

切り組み。まさに一刀両断。切り組みに迷いはない（上）。矯め。一瞬が勝負の工程。竹のクセを直すことを竿師は「竹のクセを殺す」という（下）

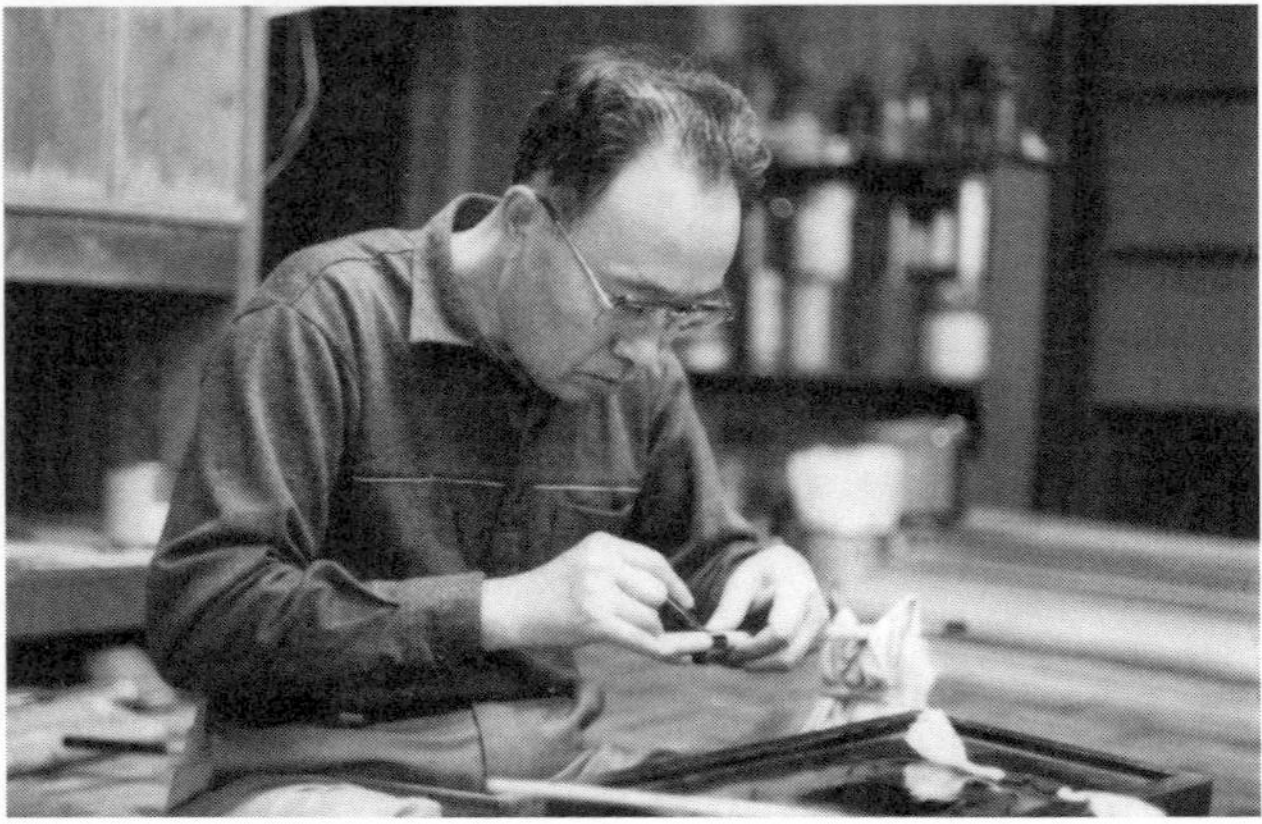

小口合わせ。物差しを使うのは竿の長さを決めるときだけで、後はすべて勘の世界（上）。塗り。塗りは埃ひとつが大敵。一転して静寂の世界が……（下）

⑨塗り　塗り下を含む
⑩仕上げ　各部の再点検

以上、ざっと見てもこれだけの工程がある上に、塗りも数十回に及ぶ。しかも関東竿の場合は扱う種類も実に豊富だ。たとえば川ならタナゴ竿、フナ竿、ヤマベ（ハヤ）竿、ヤマメ（イワナ）竿、アユ竿で、海用となればハゼ竿、キス竿、海津竿のほかにシャクリ竿とか胴付竿である。つまり一本の竿を仕上げる工程もさることながらその用途も様々なのだ。この辺に関東竿を扱う竿師の苦労が窺える。

太田さんによれば、普通関東竿のひと通りを覚えるのには十年ぐらいかかるというし、またこのくらいの年期になってはじめて一人前の竿師として扱われるという。その彼が「正勇作」の銘を認定されたのは、昭和三十三年三月五日のこと。

太田さんの手元には、今も一枚の卒技証書なるものが大切に保管されている。これを見ると、総家東作、東正、東門五日会（当時東作から一門をなした竿師で組織された会。毎月五日に会合を開いていたのでこの名があるが後に解散）の連名のもと、

「貴君は昭和二十四年、三月、東正工房に入り、その後よく製竿技術を修めて、その技量は総家東作系統の竿師として、一家をなすの域に達したものと認めます。

よって、ここに正作の二字を贈り、以後、その製品に正勇作の銘を用いることを許

します」

というような、非常に重々しい一文が印されているが、竿師として総家東作から銘をいただくことは、大変な名誉であった。なお、このときの卒技試験に際しては自分の作った竿を一本持ち、親方の東正師匠と共に上野の稲荷町本家東作に伺い、時の関東竿師の総師四代目東作に前述の竿を見せて、面接という形であった。そして、四代目東作と太田さんの間には、竿の製作についての一問一答が行なわれた。参考までにこのとき持参して納めた竿は、二間半七継ぎのヤマメ竿であった。

ちなみにこの卒技試験では、太田さんのほかにも寿作さんのお弟子さん、「寿代作」さんと、同じく東俊さんの「俊行作」さんが同時に認定を受けたが、この三人は四代目東作の孫弟子としては第一期の卒技試験合格者であった。

いうまでもなく、彼らの銘「○○作」の作の字は、栄えある東作の一字である。

和竿作りの苦難の時代を迎えて

昭和三十五年四月、同郷の牧村から妻朝子さんを迎えた太田さんは、この結婚を機に翌年、東正工房から独立した。

お二人の新所帯は現在地の浦和市大谷口。もちろん住まいの隣りには工房がある。

今でこそ工房の回りには様々な家が建ち並んでしまったが、庭続きには矢竹などの竹林が茂り、いかにも竿師の家といった雰囲気が漂っている。独立後の数年間はもっぱら親方からいただいた仕事をこなしていたが、やがて一男一女に恵まれたためこれを機に、「正勇作」の銘を入れた葉書を五十枚ほど刷って、心当たりの釣り具問屋や小売店宛に差し出した。昭和四十年のことである。

期待と不安の交錯する中で、手元に戻ってきた返信の旨は、五十余枚のうちのたった二枚。が、当時の釣り具業界は先人による取引がよほどでない限り確立されていたし、また一方では新しい息吹きのはじまりでもあった。つまり大手メーカーによるグラスロッドの普及と、海外の新市場からの輸入品の台頭でもあったのだ。だが、幸いにも太田さんの作る竿は前述の二枚の葉書のひとつ、大手の釣り具問屋、上野の狩野商店さんが取り扱ってくれることになり、にわかに正勇作工房では猫の手も借りたいほどの忙しさになった。

この頃の竿作りは、一年を区切った場合、春にヤマメ竿、夏前にはアユ竿を仕上げ、秋から冬にかけてがヤマベ竿やタナゴ竿、そして冬から春までが前述の海竿といったように、正勇作工房は夜が更けるまで明かりが消えることはなかった。

「若夫婦の太田さん家ではまだ仕事場の電気がついている。それじゃうちでも頑張ろうか！」

との声は、この時代の近所の人たちからのものだった。しかし、竿師「正勇作」として良かった時代は、アッという間に通り過ぎてしまった。それは例の一世を風靡するカーボンロッドの登場だ。しかも彼の場合、より不運だったのは小売りは一切しなかったことだろう。だが、これは太田さんの性格からして無理もない。なぜなら、

「私が今こうして何不自由なく暮らせるのは、竿師として一人前に仕込んでくれた東正親方と、私を拾ってくれた狩野さんのおかげなんです……」

ただただ一途な男である。

「あのときほど、カーボン竿が憎いと思ったことはありません」

それはある日の夜、寡黙な男がついつい酔いにつられて吐き捨てた言葉であった。正勇さんは、現在、あの憎いと呟いたカーボン竿を手に数人の主として正勇作工房で働いている。

注文の激減した竿師にとって残された道はよほどの高級竿を扱うか、それとも仕事替えをするか、この二つのどちらかであったはず。釣り具屋さんの店頭から、私たちが思い切って使える範囲の和竿が消えたのは、実はこのような背景がある。

太田さんが正勇作工房で、カーボン竿を手にするのは一家のため。そして和竿を扱

竿師、正勇作さん。愛竿にて、盛夏の山形、寒河江川上流を釣る

うときの前にも増しての気迫と、ふと竹の肌に何ともいえぬ慈しみの表情を見せるのはこちらの思い過ごしだろうか。

そういえば、昨年でき上がった五継ぎ、三間(淡竹の根掘り替え元で二間半一寸伸び仕上げ)のヤマメ竿は、私にとってちょうど十本目の「正勇作」でもあるのだが、この竿は東正から続く野武士のような調子を奥に秘め、魚がかかるとやさしく引き寄せてくれる、そんなイメージを彷彿とさせている。

川釣りの中では、とくにアユとヤマメを好む正勇さんだが、釣りをするときは、もちろん自分で作ったお気に入りを使う。昨年は二度、ご一緒する機会に恵まれたが、太田さんの釣り姿はアユにしてもヤマメにしても常に真剣だ。

そして、夏ヤマメをねらった山形の川で、荒瀬を駆けくだる大物をかけたが、終始あわてず竿をため、最後はゆっくりと寄せて取り込んでいた。このときの竿は三間のヤマメ竿。少し下手にいた私は大きく弧を描く竿に見とれ、ついつい声をかけるのも忘れてしまったほど。

太田さんの釣りは香魚にしても溪魚にしても自分が楽しむのはもちろん、己の分身にもその味を味わわせてやりたい、そんな感じのする、親心の釣り姿であった。

〈文庫版付記〉

昨今、淡水の小物釣り（タナゴ、小ブナなど）が人気を博し、併せて和竿人気も復活した。いうまでもなく釣趣が得られるからで、なかでも正勇作のタナゴ竿、フナの並べ竿、テンカラ竿等々は、一見に値する。正勇作工房では、もっぱら注文竿を扱い、鋭意製作中。

カジカ滝

山形県の小国町、通称飯豊北面の溪と呼ばれる横川上流の滝川には、その名もカジカ滝と呼ばれる滝がある。高さはおよそ三〜四メートル。雪代の頃には川幅いっぱいの水を落とすが、普段は滑り台のように穏やかな斜滝である。

この滝を「カジカ滝」と呼ぶようになったのは、いったいいつ頃のことなのかは不明だが、ここには季節になるとひしめきあったカジカの姿と、またそんな日には今でもこのカジカを求めて漁を楽しむ男の姿を見ることができる。

私がはじめてこの溪へ出かけたのは、昭和四十五年に名うての豪雪に見切りをつけた最後の集落、西滝、東滝合わせて四十戸の村が、小国町へ集団移転してまだ間もない頃だった。

その日、村はずれの橋から溪へ降りた私は、イワナを求めて釣りのぼっていた。ところが、朝のうちは拾うように釣れたイワナも、強い日差しが川面を照らしはじめると、魚信は急になくなってしまった。

そんな頃である。行く手のカーブの先に突然、姿の良い滝が見えたのは……。その

カジカ滝全景。正面の通行止めの流れに達したカジカは迂回、右奥の小滝を目指して一方通行で進む（上）。長年、滝川のカジカと親しんでいる伊藤さんは、漁に出かけるときに必ず山の神様に手を合わせる心やさしい人だ（左）

滝は高さこそないが、一枚岩から糸を引くように流れを落とし、ちょうどその格好は滑り台といった感じだろうか。魚信もすっかり遠のいてしまい、私は竿先の目印よりも、ただ何となくこの滝を眺めていたが、そのときだった。右手の奥の小滝にちらっと動く人影を見たのは……。

「あっ、先行者!」と思った私は足早にこの滝に近づいた。内心、どうりでイワナが釣れなくなったわけだ、と決めつけたところ、意外にもその人の姿を見て驚いた。釣り師とばかり思っていたが、彼の手にしたものが網(当地ではカジカ網、普通ジッタイまたはブッタイなどと呼ぶ)だったことにすっかり面食らってしまったのだ。聞けばこの人は土地の人でこの滝にカジカを捕りに来たといい、滝の名はその名もカジカ滝と呼ばれていると、教えてくれた。そして、

「これからの時間がいいんです」

と腰ビクからひと摑みのカジカを見せてくれたが、当時カジカにはまったく興味のなかった私は、幸いにもその人が釣り師でなかったことと、彼の話にあった「奥の赤石沢に行けばイワナはでかいんだが……、それに今時分メメズじゃ」といった言葉を胸に、今度は川虫を採って、再び滝川の流れを釣りのぼったものだった。

カジカの習性とカジカ漁

その赤石沢へ出かけたのは、それから四年後の同じ夏。そして今年の六月中旬、今度はすっかり定着したヤマメをねらいに、雪代の落ちた市野々周辺の下流域で竿を振った。瀬で遊ぶ中型ヤマメの引きを楽しんだ私は午前中で竿をしまい、午後には今では最終集落となった河原角《かわらづの》の伊藤久雄さん宅でくつろいだ。

これはまったくの偶然だが、久しぶりの滝川再訪にあたり、当地の漁業組合から滝川筋の入漁券販売所等の問い合わせをしたところ、伊藤さんを紹介していただいた次第。渓の近況でも伺うつもりで電話を入れたが、意外な言葉に驚いた。

「ちょうど今、カジカ捕りから帰ってきたところ……」

と話がはじまったからだ。そして、

「えっ、カジカですか？　もしかしたらあのカジカ滝……」

とこちらが言葉を挟めば、

「ほう、あんた、カジカ滝を知っているのかね。そりゃいい。こんな年は珍しいでな。今年は雪が少なく暑いせいか、もうカジカの奴のぼってるだ。カジカはうまいでな、ご馳走するんで出てきませんか」

こうして私は長年滝川のカジカを捕っている伊藤さんと、同じ渓流の住人ながらさほど気にかけていなかったカジカについて、楽しい話を聞く機会に恵まれた。

道端にひと際目立つ魚の看板。ここが伊藤さん宅であった。彼の手作りによる「入漁券あります」の表示が、伊藤さんの人柄を偲ばせている。また沢の流れを引いた池には型の良いイワナが泳ぎ、脇の浅い堀には愛敬者のカジカの姿も見えた。

ニコニコ笑いながら私を迎え入れてくれた伊藤さんは、今年六十歳。河原角に生まれ育った彼は、現在も滝川の瀬音を耳に暮らしている。若い頃はカジカに限らず滝川をのぼったマスを獲ったり、クマ撃ちで知った奥地の沢にまでイワナを釣りに出かけたが、現在は「もう、そろそろ歳で、カジカと遊ぶくらいがちょうどいいんです」と笑う。その伊藤さんによれば、

「私ら子供の頃は、サケやマスものぼればヤマメもおったし、イワナはもちろんカジカなどいくらでもいたなァ。そりゃ、もう、佃煮にするほど捕れたもんです」

伊藤さんの話を待つまでもなく、このうらやましい話はどこの渓に出かけても耳にする。町の子供が最初に親しむ魚がメダカなら、山の子供たちはカジカだろうか。伊藤さんもまた少年時代の川遊びには、毎日のように箱メガネとヤスでカジカ突きを楽しんだ。したがってカジカ捕りは、その頃から数えるともう五十年以上になるそうだ。

「この川は、カジカを捕るには大変都合が良くって、カジカ滝を筆頭に、網も何もいらずにいくらでも捕れる場所が、ほかにも四カ所あるんです」

いくらおっとりしたカジカでも、河原の小石を拾うようなわけにはいかない。カジカといえばあのユーモラスな顔を思い浮かべるが、あれで逃げ足はなかなか速い。

「カジカという奴は、川が渇水を迎える七月半ばから八月、とくに日に日に減水の目立つお盆の頃までが、目立って移動します。そして晴天の午後三時頃になると、これはピークに達し、奴らは警戒心さえ忘れて後から後からのぼってきます。こいつを捕るには、まず日並みと相手の習性、それと手頃な場所を知っておかなくてはだめです。たとえばカジカ滝のように、まず主流（本流）の流れが強かったり滝でのぼれないこと、さらにその脇には必ず通路のような側流のあること、これが肝心です」

つまりこの時期のカジカはのぼることしか頭にないため、まず本線の通行止めを見て、こりゃいかん、どうしたもんかとウロチョロしたあげく、ようやく迂回路を見つけ、よしとばかりにのぼるわけだ。このときの通路は、まさに一方通行でUターンするものはいないらしい。また側流のない斜滝の場合には、脇のゆるい流れに石や枝などの階段を作ってやると、彼らはその障害物を足場に一時停止を繰り返しながらのぼる。このときは下に構えた網で捕る。なお不思議にも雨が降ったり小雨がパラついただけで、カジカの遡上はピタリと止まる。

どうやらカジカを楽に捕るコツは、滝川とカジカの習性を知り尽くした伊藤さんならではの奥義といえそうだ。カジカの遡上は雪代の終わり頃（五月末から六月初旬）と前述の夏に目立ち、「春の移動」は産卵場探しのためで、「夏の移動」はさながら涼を求めての行動ではないかという。

さらに少々つけ加えると、まず関東以西のカジカの産卵は、アコ（カジカの卵のこと）採りと称するように二〜三月の早春だが、北国、とくに雪代の多い川では、カジカも環境に即するのか産卵は雪代の収まる頃からである。

また夏場の遡上については、前に触れたように減水からさらに渇水に向かうとき、つまり水温の上昇がより顕著な遡上期だ。こんなときには必ず水温の低い清水（湧水）の流入場所に集まってくる。実は、カジカ滝の前後には、理想的な沢が入っていたのだ。なお水の動かなくなるお盆以降の渇水時には、彼らの遡上はほとんどなく、深い淵とか石の下に潜ってしまう。しかし、なぜかその分夜になると、水際の浅い流れでピシャピシャとはしゃぐもの（?）もいれば静かに眠っているもの（?）もいるそうだ。

ところで伊藤さんのカジカ捕りは、もっぱら瀬脇ドウと呼ぶウケを用いたものや川が濁ったときのカジカ網である。これは、伊藤さんがヤス突きとか多種を目的としたカジカ漁（川に網やスダレを張り、カジカの進行を妨害して追い込んで捕る漁法）はせず、収穫はもっぱら自家消費分と頼まれて知り合いに譲る程度で、健康のためと捕る楽しみを目的としているからだ。

瀬脇ドウは、浅場に石や砂でコースを作り、カジカをドウに誘い込む方法だが、当地では漁業組合の許可制になっている。ドウ一カ所、つまり、一個分で年二千五百円の登録料を必要とし、伊藤さんは年二個分の料金を納めている。また、ドウの使用については当漁業組合の組合員だけに限るそうだ。ちなみに現在滝川筋でドウを使える人は伊藤さんだけで、小国漁業組合全体でもおよそ二十名（他の雑魚類も含む）。ドウ一個分で一升ぐらい、型にもよるが六十〜七十匹の収穫になる。なお、当地では「一年は一寸」がカジカの成長といわれており、平均二〜三寸のサイズのものが多い。まれに吸盤のついた四〜五寸のものをオバケカジカとかオオダラカジカ（大だんびらの意）と呼んで普通のカジカと区別しているが、近年その姿を見かけることは少ないようだ。

滝川におけるカジカの生息は、ほぼ源流の赤石沢にまで及んでいるが、このあたりになると低水温のためカジカの数は少ない。また川が濁ったときのカジカ網による漁は、彼らが浅場に避難していることから収穫も多いが、そのほとんどが石を飲んでいる。そのため生かして持ち帰り、泥吐きならぬ石吐きをさせれば良いのだが、カジカ網の場合には腰ビクを用いるため、生かしておくわけにもいかず食べるときの手間がやっかいだ。砂粒程度ならまだしも、なかには大豆ほどの石を飲んでいる猛者もいる。

ところで、「イワナが石を飲むと大水が出る」との言い伝えはつとに有名だが、一方では同様に「カジカが石を飲むと大水の前兆」という人もいる。これは溪流という最前線に暮らす魚たちならではの話で、主に彼らは水の出るのをいち早く察知して、ウェートをつけるために石を飲むというのが通説だ。

その辺のところを伊藤さんに伺うと、やはりカジカも増水後だけでなく、水の出る前から石を飲んでいるという。そして、長年のカジカ観察によれば、「俺ァ、難しいことはわからねェ」と前置きしながらも、ヤマメよりもイワナ、イワナよりもカジカの方がその行動は早いのではないかと推測する。さらにつけ加えると、本書にも登場した奥志賀の元職漁師山本勇三さんは、さらに川虫が最初に動き出すというし、南会津の星寛さんは、山椒魚においても同様という。つまり、鈍重さが売り物(?)で、より底を好むものの方がこの辺の判断は早いらしい。この現象を、俗に魚の予知能力とか自然界の不思議と見る人も多いが、はたして魚(あるいは川虫、山椒魚……)の頭の

カジカ滝右奥の小滝にて、遡上したカジカはこの滝壺に群れる。よく見ると滝の斜面に取りつけた小石、草の根はカジカのための魚道の役目。もちろん伊藤さんが手がけたもの(上)。カジカ網(別名、三角網)に入ったカジカ。「一年一寸」が、カジカの成長(左)

中に、それだけの知能があるのだろうか、と疑問を抱く人も多い。

余談ながら筆者は水槽でヤマメやイワナを飼って十数年になるが、彼らが底に沈んだ餌を食べるときは一緒に小砂利ごと口に入れてしまい、後で砂利だけを上手に吐き出している。が、ドジョウのような逃げ足の速い相手をあわてて食べるときは、砂利ごと飲み込んでしまい彼らの横っ腹はゴツゴツとした感じになる。しかし、こちらも一日も経てば、その砂利はきれいに吐き出してしまう。

また間もなく台風という増水時に、ようやくの思いで穴掘りならぬ砂掘りをしているイワナを釣ったことがあるが、後で腹を裂いたら、多量の小砂利と共に砂の中で生活している砂虫がたくさん入っていたことがあった。

水の出る前にはまず川虫が動くという。そしてこれを盛んに食べる魚たち、どうやら天変地異の予知能力は、賢いはずの人間が一番最後のようだ。

こんないい場所、めったにねえなァ

さて、近頃の渓流釣りのガイドでは、餌の項にカジカの登場することが少なくなった。かつては大物釣りの好餌としてカジカは格好の存在だったが、今やヤマメ、イワナを釣るよりもカジカを捕まえる方が難しい。

「置き鉤にはカジカ」といわれたように、カジカを餌にすると大物がよくかかったものだという。また「カジカのいる渓はイワナの型が良い」といわれるように、カジカとイワナの相関関係は実に密接だ。

伊藤さんの活躍する滝川では、昭和四十二年秋の羽越《うえつ》水害（とくに飯豊水系の被害が多く、新潟では加治川水害とも呼ばれて未曽有の災禍になった）で、カジカはもちろん魚と名がつくものから川までがまったくだめになったという。ところが、忘れかけていた川からまずカジカが姿を見せると、今度は後を追うようにしてイワナの魚影が走ったのだ。

つまり、「カジカが増えればイワナも増える」状態を迎えたわけである。当地では三年前に水害ほどではないが、渓相が変わるほどの大水が出た。ちょうど漁業組合によるヤマメ、イワナの放流は、その前年が最初とのこと。当初はヤマメならまだしもイワナまでが、放流地点よりもかなり下降したらしい。ところが昨年より、目立ってカジカが増えたところ、今度は放流してもイワナはくだるどころか、むしろ上流へのぼっている傾向にあるし、型もいいものがいるようになった。

「川は、虫にしても魚にしても、それぞれみんないいんのがいいんでねぇーだべか」

伊藤さんのうれしそうな言葉である。

「どれ、そろそろ三時だな。ちょっくらカジカ滝、行ってみっか」

腰を上げた伊藤さんの後についた私は、道中の車窓から懐かしい風景を望みつつ、彼の語るカジカ滝の話に耳を傾けた。

カジカ滝……。それはカジカ止めの滝ではなくて、カジカがよく捕れることにより、いつの頃からか名づいたものであり、伊藤さんが物心ついた子供時代には、すでにこの滝を村人はカジカ滝と呼んでいた。そして滝を挟んで落ちる清水は、手前が下滝《しも》ノ沢で上手が向《むか》い小沢。

「カジカ捕るにはこんないい場所、めったにねぇなァ。だからここではドウも突きも禁止にして、みんなで遊べるようにしているんです」

この滝だけは、伊藤さんの記憶にある限り、あの羽越水害のときももちろん子供の頃からも、その姿に変わりはないそうだ。二人して滝下の流れに目をやれば、ツ、ツーと走っては止まる魚影がひとつ、二つ……。

白い飛沫を背にして指差す姿は、やはり過ぎる年にここで出会ったカジカ滝の人だった。

〈文庫版付記〉

ひと頃、河原角地区にダム計画の噂があったが、伊藤さんたちの尽力により、この話は立ち消えになった。そのかいあってカジカ滝は現在も健在。夏になるとカジカと戯むれる子供たちの姿を見ることができる。現在、流域最終の集落、河原角は八軒。

魚津、山女の村にて

普通「溪流釣りに出かける」といえば、溪とか山の川を目指すが、それではこの釣りを志す人は、どんなきっかけでその川を選ぶだろうか。

人に勧められて、あるいはいかにも釣れそうだから……等々と、こればかりは人によって様々な理由があるだろう。実際、この釣りを通して各地に出かける私も、第一に釣果を優先することもあれば、彼《か》の地に住む人と会いに行く釣り旅もある。また、地図で見つけた不思議な地名とかおもしろい名前の沢や川、このようなところに魅かれて旅立つこともある。

富山県の魚津市山女、そして片貝川……。ここへ出かけたのも、実はそんなところからである。私が偶然この村の名前を知ったのは、日本海に注ぐ北陸の川に目を向けていた頃のこと。糸魚川周辺の溪もほぼ歩き終わり、次なる目的地、黒部平野の準備のために、該当する五万分の一の地形図を求め、ただ何となく眺めているときだった。「へぇ、ずいぶんおもしろい名前の村があるんだ」とばかり、片貝川という川の畔りに、「山女」と記された小さな村のあることを知ったのは……。

魚津、山女の村にて。かつての片貝川は水量も豊富、川マスをはじめ魚種多彩な川だった。この川で、私は意外な魚と出遭ってしまう

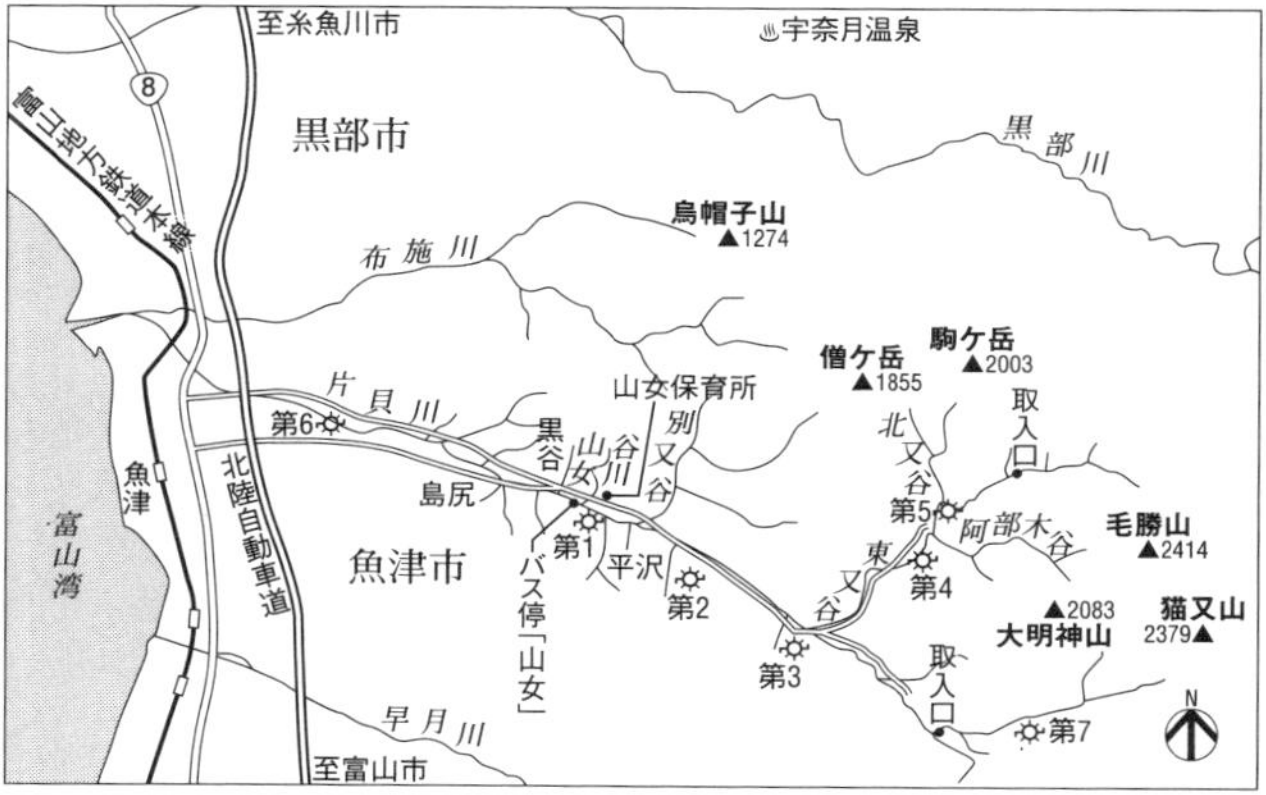

ところが釣り師の浮気癖（?）と、あてにならない点は定評のあるところ。すぐにでも行こうと思っていた黒部平野の川も山女の村なる場所も、結局、ほかへの釣りが忙しく、しばらくは私の記憶の片隅にとどまっていた。しかし昭和六十二年八月。四日間の日程で私は北陸の溪へ出かけ、前半は黒部平野の川で、そして一日はこの村の界隈でくつろいだ。それは山女の地名を見つけた日から数えて、ちょうど五年後のことだった。

ヤマメの川で釣ったアマゴ

ある程度地図で予想はしていたが、片貝川の下流部は流れのない川だった。これは各所に設けられた取水堰や発電所によるもので、夏の強い日差しを浴びた片貝川は、白い河原に白い石、流れはまさにチョロチョロの感だった。

「これでは仕方がないなァ」とばかり、ひと回り車を走らせて周辺の様子を覗いてみると、上流とか支流には本来の水量を呈した釣り場がある模様。ところが、ある堰堤の広場で釣り支度に取りかかっていた私は、小落差と清冽な流れを前にして、今度ははたと考えてしまったのだ。それは「この溪相ではたぶんイワナが釣れるはず。はじめての川のはじめてのイワナ。それも悪くないが、せっかく山女の村にやって来たからにはヤマメの方が……」といった具合だ。再び車を止めたのは山女の村はずれ。先ほど上流に向かったときにはこの村の「山女」と書かれたバス停の脇に車を止め、「ここが山女の村かァ」と四方を眺めたりした。が、そのときの私は、ここでは後ほどのんびりすればいいと思っていたが、どうやら振り出しに戻った格好だ。早速片貝川の河原に降りると、相変わらず流れはか細いが、そのチョロチョロ流れを覗いてみれば、時折、大きな水でも出るのだろうか、底石ははるか源流の小石のようにきれいだし、流れに手を入れて顔を洗ってみると、こちらも峠の下から滴る冷たい水と何ら変わりはないようだ。これなら釣りになりそうだ。

さて、どんな魚がいるのだろう、と竿をつないで糸を垂れたが、しばし魚信はなし。最初の魚が釣れたのは、白い川ならこの餌とばかり、キジからブドウ虫に替えたときだ。大きな岩の小さな吸い込み、明確な魚信は、この中に餌を入れた途端、白いブドウ虫をスパッと消し込んだ相手であった。思わぬ手応えは、なかなかの良型のはず。大岩の下でバシャバシャと暴れていた相手は、やがて小さな瀬尻に出てきて抵抗したが、結局そこまでだった。

「良かった、やっぱりヤマメがいたナ……」

ところが、そう感じたのもつかの間、私はその魚を握って意外なことに驚いた。ヤマメとばかり思っていた相手は、何と朱点も鮮やかな九寸のアマゴだったのだ。

「ハテ？　この川にやって来るまでは、みんなヤマメだったが……」

黒部の川も隣の布施川や早月川も、それこそつまみ食いのような釣りだったが、私の相手をしたものは、すべてヤマメだったはず。さらに不可解なのは竿をしまったとき、私のビクの中はいつの間にやらアマゴのほかに、ヤマメともアマゴとも似つかないアマゴもどき（?）やヤマメにイワナ、といった顔ぶれになってしまったのだ。イワナはともかくとして、ほかの連中については、いったいどう解釈したら良いだろうが、この辺の事情は、昨今あまり珍しいことではなくなった。というのは管轄の漁業組合の放流でさえ、時として入手する稚魚の都合によって、違った顔ぶれの魚が入る場合もあれば、今や個人でも手軽に発眼卵から成魚までが買える時代になったのだ。これでは誰かの放流があったとしても、何ら不思議ではないはずだ。とはいうものの、釣れるのはヤマメとばかり思っていたはじめての川で、突然アマゴが顔を出せばこれは誰だって驚くに違いない。

さて、川からあがった私は、片貝川の堤に止めた車に戻り缶ビールを飲み干し、すべてのドアを開けて昼寝と決め込んだ。そして今度はカメラを片手にこの村の散策と洒落込むことにした。

ブラッとこの村を通り過ぎてみると、「山女」と書かれたバス停や「山女保育所」なんていう文字を見つければ、何だか笑い出したくなるような、そんな気分になってくる。この保育所では金網越しに教室で遊ぶ小さな子供たちの頭と二人ほどの保母さんの姿が見えたので、何かを聞いてみたい気分になったが、やがて保母さんの不審者でも見るような視線に遭ってしまい、私は軽く会釈をしただけで、ここを逃げるように立ち去った。

また先ほど車にのっていたときには気づかなかったが、村の中を洗濯板のようにピチャ、ピチャと割って流れる堀は、ちゃんと谷川の名が書かれており、数軒の家並みを通り過ぎると、りっぱな小沢に変身した。案の定、ツ、ツーと走る小さな魚影はイワナのようだ。再び、バス停の所に戻ってみると、年配の人が、お盆用の切り花だろうか、数本の花を摘んでいた。幸いにもこの方にいくつかのお話を伺うことができたので紹介したい。

実は山女の村は山女と書いて「アケビ」と読むのだが、昔、ご先祖様がここに来た頃は、それこそまったくの山の中で、アケビがたくさん実っていたため、山女と名づけたようだ。現在の戸数は十七戸。多いときには三十六戸もあったというが、年々街へ降りる人が増え、なかには長野とか北海道にまで移り住んだ人もいる。

姓は山沢が二軒。以下同様に列記すると、山越（三軒）、山田（二軒）、谷口（二軒）、南（四軒）、以下一軒ずつが山口、三吉、岩崎、小牧。偶然にも姓に山の字がつく人が多いし、そのいわれも想像がしやすい。たとえば山沢姓の場合なら「前述の谷川が山から流れ、本流の片貝川に出合う所では沢をなしていた」、つまり山と沢で山沢と名づけたように。なお現在ではこの山沢姓が一番古く、今の人で六代目とのこと。

私にこの村のことを教えてくれたのは、山越栄さんといって、今年九十一歳にもなるおじいさんだ。「お生まれは」と伺えば、もちろんこの村で、明治三十二年の三月十三日とのことで、今ではこの村界隈でも一番のご年配である。その山越さんは、九歳のときに三年ほど、一家を上げて北海道は天塩の風連別原野の開拓として出かけたそうだが、それ以外はこの村を離れることなく暮らしている。

なお下流から順に黒岩、山女、平沢の三集落を、今でも三カ村と呼んでいるが、山越さんが山女小学校に学んだ頃は、三カ村合計百二十あまりの戸数で児童が数十名。先生は男女共にひとりずつで、ひとりの先生が三学級も受け持っていたという。

「それこそ今の教育とは、天と地の差がありました……」

と笑う山越さんだが、一方、ここでの生活となると、

「それは厳しいものでした。とてもひと口では……」

と、出かかった言葉をにごらせてしまったが、山越さんは最後にポツリとこんな話もしてくれた。

「ご覧になったように、ここは何しろ狭い地形です。今では田んぼや畑もありますが、昔はまさに山と川だけでした。豊地（耕地のこと）もほとんどなくって、私ら若い時分は、みんな山稼ぎ（山仕事）で暮らしていました。今は本当にいい時代になりました。昔の面影はまったくありません」

山女の村と片貝川の歴史

ここで少し、「山女」の村の史実に触れてみよう。

往古、当地は越の国の新川郡は片貝谷村と称されていた所である。

「山女村……村の開かれた年代は明らかではないが、島尻村の住人中島某という人が一族とともにこの地に移住し、氏を三吉とあらためて農業に従事したのが始まりだといわれている。この村は、昔アケビ（木通）の産地であったことから村の名がつけられたようである。

平沢、山女、黒谷の三カ村は、開村後は人口も増加したが、どの村ももともと田畑の少ない土地であるため、生活苦は深刻であった。そこで藩主前田家から、田畑の耕作の余暇を利用して、山林の樹木を伐採し、魚津町の藩士や町人の燃料として売り、その利益を生活費にあててもよいという命が出てからは、毎年雪解けを待って登山し、樹木を伐採して片貝川を利用して本江村を貫流する鴨川に流し出し、藩主指定の本江川原で売り払っていた」(『魚津市史』より)

文中の、「山林の樹木を伐採して、片貝川云々」とあるのは、俗に「木呂《ころ》流し」とか「薪木呂《ころ》流し」といわれるもので、関東、中部地方の鉄砲流しもほぼこれと同じ。加えて、現在では最終集落となった平沢もこちらと似たような経緯を持つが、ここには「木地屋平《きじやだいら》」という地名もあって、かつて活躍した木地師たちの足跡も色濃く残されている。なお、当地は有名な、魚津漆器の起源のひとつといわれている。

そして、片貝川の流域には、今もアケビの繁る所が多い。

ところで、現在の片貝川は、本来の川の姿を失って久しいが、昔はどんな川だったのだろう。

前記の『魚津市史』や『新川郡史』を見ると、万葉の時代には、歌人、大伴家持が今と変わらぬ呼び名、「可多可比河《カタカイガ》(または我)波《ワ》」の名のもとに、

片貝の川の瀬清く行く水の絶ゆることなくあり通ひ見む

という歌を詠んでいる。

さて、片貝の意味は片峡《かたかい》、峡とは深い谷を指すが、この川の河川勾配は何でも日本一であるという。また前述の木呂流しを見ても、昔の片貝川は豊かな激しい流れだったことが想像される。

前出の山越さんによれば、山女地区の第一発電所は明治四十五年から大正二年にかけて完成したもので、これは富山県下でも二番目とのこと。現在では合計七カ所の発電所や取水堰のほか、随所に砂防堰堤の目立つ片貝川だが、そんな寸断された流れの中にも魚影の走ることは、私が釣りをしたときの結果通りだろうか。が、この辺については、地元漁業組合による放流事業も数年前から行なわれているというから、その成果でもありそうだ。

「今ではこんな川になりましたが、昔は私の村から六キロも上流にマスがのぼったものでした。私はあいにく、こちらの方にはあまり興味がなく、というよりも正直いって、そんな余裕がなかったのです。でも村には何人か専門にマスを獲る人もいれば、商売でイワナを釣っている人もいました」

これは山越さんの話だが、

「私が子供の頃の片貝川は、すでに第一と第二の発電所がありました。ですから第一と第二の間は、当然水が少なかったものです。しかし、別又川の水はまだ取っていなかったので、そこから下流は実に水量豊富な川でした」

「アユの友釣りはもちろん、当時の片貝川には、このアユをはじめ、カジカのような雑魚類にヤマメ（マスの子）やイワナ、それにマスもいれば、秋にはサケものぼってきました。当時、春には川マスがよく獲れましたし、子供の頃、川の中を水中メガネで覗くと、それこそ水族館のようにいろんな魚が泳いでいました」

と、片貝川の思い出を語ってくれたのは、平沢で生まれ育ち、現在、魚津の町に住んでいる郷土史家の沢崎寛《さわざきひろし》さん（六十二歳）であった。沢崎さんは長年、市の教育委員会につとめていたが、定年後の現在は、郷土の歴史を足で調べたり、絵筆も持てば、渓流釣りもたしなむ方である。そして聞くところによれば、氏は多方面に活躍するため、地元では当地の名物、富山湾の蜃気楼をもじって「蜃気楼博士」と呼ばれているそうだ。

その沢崎さんのもうひとつの思い出は釣り好きだった父のことで、そのお父さんは手作りの毛鉤を使ってはよく片貝川の上流へ釣りに出かけ、「家にあった大きなスリバチに入れても、頭と尻尾がはみ出すような大物、そんな大イワナをよく釣ってきた」という。

また近年ではすっかり影をひそめてしまったマス（サクラマス）についても、昔は

山女の村を流れる現在の片貝川

片貝川で釣れたアマゴ

山女バス停留所。ここでの釣りと散策はとても楽しいものだった

大伴家持の歌を刻んだ石碑

「フキの葉っぱが一文銭の大きさになるとマスがのぼってくる」といっては、盛んにこれを獲ったという。春マスは主に投網などで獲るが、なかにはヤスの握りにヒモをつけ、橋の上からこれを投げてはマスを獲る、実に豪快なヤス突き名人もいたという。この橋は現在の黒谷橋のことで、往時、この下の淵にはのぼってきたマスたちがよくたまったそうだ。

なお当地では、イワナよりもどちらかというと、このマスを専門に獲っては商売にする人が多かった。その人気の秘密はもちろん、この地方の名物の「富山のマス寿司」である。現在のマス寿司にはもっぱら紅ザケが用いられているが、かつてはこのサクラマスが利用されていたし、各家庭においても様々な味つけがあった。このマスはほかにも切身として各料理に使われていたが、その中から沢崎さんがこんな郷土食を教えてくれた。

それは、「ヨシナのゴン切り」と呼ぶ春マスの料理。ヨシナとはウワバミソウ（普通ミズナと呼ぶ山菜）のことで、マスの身（とくに頭部）をゴン切る、つまり細かく叩いてこのヨシナと和えたもの。これは主に酢の物としたが、ヌタ風に溶き味噌を加えても良く、これだと「ご飯のおかずはもちろん、酒の肴にも、ほんとに最高でした。できればもう一度、食べてみたいものです！」と。

この話を待つまでもなく、今となっては幻のこの料理は、村の人たちにとって長い冬の後にやってくる季節の贈物、すなわち春の山菜と春マスの取り合わせの妙は、まさに懐かしい平沢時代、おふくろの味であった。

ところで『伝説、うおづ』によれば、この片貝川の流域には前に触れた「木地屋平」のほかに「木曽屋敷」の話とか、たびたびの大水の仕業である竜が石になったという「片貝川の竜石」、アワとキビの団子を食べていた二匹の大イワナの「イワナのお化け」というものもある。今の片貝川からは知る由もないが、遠い万葉の頃はもちろん、サケ・マスがのぼった古き良き時代には、この川にもそして周辺の人々にも、川を通して心豊かな時代があったことは確かである。

「今後、村の若い人たちと話し合って、発電所から一定量の放水をさせ、日本一の釣り場を作りたいと思います」

片貝川の良き頃、その復活を夢見てこう語ってくれたのは、もちろんこの川のカッパとして育った蜃気楼博士、沢崎さんであった。

その沢崎さんに後日、私は気になっていた片貝川のアマゴについて伺ってみることにした。すると、

「片貝川には昔からアマゴという魚はおりませんでした。が、マスがのぼっていた時

代には、ヤマメ、つまりマスの子をこちらではアマミと呼んでいましたが、このアマミは二〜三年もすると、海にくだるといわれていました。

赤い点々のあるアマゴですか……。そういえば確か十年、いや十五年、もっと前だったかなァ。その人はもうお亡くなりになりましたが、魚津の駅前のRという喫茶店のご主人、この人が放したという話は、いつだったか聞いたことがありますが……」

と教えてくれるではないか。私は沢崎さんとのお話から、それこそ思わぬところで、あのアマゴの点と線が結ばれる思いがした。が、今では何分にも年月の経ったこと。沢崎さんにもその辺の細かい事情はよくわからないという。私は十五年あまりも前に放されて、今なお息づく片貝川のアマゴについて、せめてその出処だけでも知りたいと思ったが、さすがにこんなことで、そのRなる店の連絡先を調べることは気が引けた。第一、その店も今あるかどうかわからないし、またあったとしてもその方は亡くなっているというではないか……。私はそんなことを考えながらも、つとめてこの件を忘れることにした。

ところが数日も経つと、やはり私は局の案内でその店の電話番号を聞いていた。こちらの複雑な心境をよそに、事務的な声は「ハイ、その方は魚津、○○○○の××の△△△△です」というではないか。

思い切ってこのダイヤルを回してみたのは、それからずいぶん経ったある晩のこと。これは当然といえば当然なのだが、はじめ電話口に出た女性は警戒していたが、やがて弾みのある声に変わり、こう話してくれた。

「ハイ、それは私の主人です。片貝川のときは、近くなもんで私も連れてってもらい、小さな魚を放してきました。当時、主人はお店にみえる釣り好きの方たちと確か郡上八幡っていってましたか、そこから何度も持ってきてはそんなことをしておりました。そうですか、まだそのときの魚が生きておりますか……。まだ所々雪があったので、たぶん春のことだったと思います。もう二十年近くになるでしょうか……。どうぞこちらに出かけたときには寄ってくださいナ」

改めて、彼女の話に説明を加えるまでもないだろう。すでにお亡くなりになったというご主人には申し訳ないが、この釣りを通して各地を旅する私は、時にこれとよく似た話を耳にすれば、半世紀も前に放された魚たちの末裔と対峙することを過去、何度も経験したものだ。が、昨今ではやれ生態系が云々とばかり、無秩序な放流を慎む声も上がっているのも事実だ。しかし、このようなときそういった問題を超越して脈々と息づく魚たちと出遭うと、その生命力に感服しながらも、時にはそら恐ろしささえも感じたりすることがあるのは、いったいなぜなのか。

もしもこの近辺の川で朱点をちりばめたアマゴに出遭ったならば、それは間違いなくこの人たちが、二十年近くも前に心血を注いで放した魚たちの末裔であるはずだ。

そういえば、あのときの釣り旅の最後の夜に、私はこの町の駅前を歩き、小さな店ののれんをくぐっていた。今にして思えば、喫茶店「R」はすぐ近くだったはず……。さしず津とは、港とか船着き場のほかに、何かが集まるという意味を持っている。さしずめ魚津は、魚の集まる所。ということは、また人の集う所でもあるだろう。

私はこの町で、そして山女の村で、また大切な人と魚に出会った気がした。


〈文庫版付記〉

山女の村付近の片貝川本流は、現在も上流にある取水堰のため、夏季は水量が少ない。そのため雪代期または増水時の釣り場。

あとがき

山の朝は早い。釣り人の朝も。

あたりが白みはじめると、私たちはもう溪へ降りている。このひとときは、誰もが、何日も前から、夢にまで見た期待と充実感の、幕開けでもあるだろう。

山人の朝は早い。私たちが無心に竿を振っていると、もう田や畑には彼らの姿が見える。朝の挨拶の何とすがすがしいことか。はるか後方にはたなびく朝餉の煙。

私は山の朝が好きだ。ひとりの旅も……。

本書に登場した人たちとの邂逅は、なぜかこんなひとり旅のときが多かった。ひと言、二言の挨拶が、いつしか田の畔りに腰を下ろしていることもあれば、お昼だからといって家に招かれ、お汁や漬物をいただきながら弁当の包みを広げたこともあった。

午前中は釣り人の私が、午後には囲炉裏端にいる旅人の自分……。これが本書の内容であるだろう。

かつての私は、竿を携え、一日中溪の中を歩き回っていたものだ。しかし、近頃は山人たちの語る「溪」にも、耳を傾けることが多くなった。それはこの世界にも、溪と魚に人生を賭けた人たちがいることを知ったからである。

時の流れとでもいうべきか、今では故人となったり、現役を退いた人も多いが、皆さんがよく出かける渓、そんな川にも、かつてその川を舞台に夢を馳せた人たちがいたことを、この本を読んで、多くの人たちに知っていただければ幸いだ。

なお本書は、山と溪谷社の『溪流フィッシング』の中で、「山人たちの午後」として連載したものを中心に一冊とした。この本の出版に際しては、山と溪谷社の原康夫編集長、ならびに真木事務所の真木隆氏をはじめ、多くの方々にお世話になった。

また、本書の絵を快く描いてくれたのは、飛驒高山在住の画家、フィスコ和田氏だが、彼との出会いもまた、釣り旅の中でのことだった。

最後に本書ができたら、私はまずこの本を持って釣りに出かけたいと思う。もちろん魚と戯れた後には、この本をお世話になった山の人たちにお渡しに……。

そんな来シーズンを夢見て。

平成元年晩秋　　戸門秀雄

文庫本のためのあとがき

いつの間にか、昭和が遠くになりました。このたび山と溪谷社より版を終えて久しい拙著『溪語り・山語り』の文庫本のお話をいただき、さっそく加除補筆等の所定の作業のほかに、旧著に登場した方々にご一報を入れました。それぞれの話の終わりに、現在の様子を記したいためです。

ちなみに旧著の初版発行は一九九〇年（平成二年）でした。当小著は、同出版社発行の『溪流フィッシング　86』より「山人たちの午後」と題して数年間連載したものを中心に一冊にまとめたものでした。さらに当時の本誌をひもとくと、取材は一九八五年よりはじまっています。つまり今から三十年ほど前になります。が、旧著に登場する多くの方は、それ以前の釣行時に知遇を得た人たちが中心です。時はまさに昭和全盛でした。

溪流魚の人工孵化は、昭和四十年頃より軌道にのりました。それ以前のヤマメ、イワナの供給は、職漁師と呼ばれる専業釣り師の手によって賄われていました。彼らの主な納め先は、旅館、料理屋です。旧著発行時といえども、すでに現役の職漁師は僅少でした。しかし、第一線を退きながらも自らの道を語ってくれる人は、ここかしこの山村に健在でした。当時の私は、午前中は釣り人として渓を歩き、午後には彼らを訪ね、拙いながらも山渓のこと、漁や漁具のことなどを聞いてノートに記しました。今、その記録が蘇ります。

ついこの間のことのように、鮮明に思い出すことのできる〝その頃〟は、実は平成以前の昭和の出来事でした。なぜあの頃のことが鮮やかなのか。山人たちの鋼のようにたくましい体、さらに卓越した釣技等が、今なお私の脳裏に焼きついているからでしょう。

しかし、わが庭の如く山渓を跋渉し活躍していた人たちも、今や多くの方が第一線を退いています。残念ながら、なかには鬼籍に入られた方もいらっしゃいます。空白の歳月は、確実に何かを私に伝えようとしています。

渓流においては多獲主義の時代から、キャッチアンドリリース、つまり稀少ゆえの愛魚精神あふれる釣りに変わりつつあります。誠に喜ばしいことですが、実は彼らが活躍した頃の山渓、さらには獣や魚たちは、今よりもはるかに豊かで棲みよい環境に暮らしていました。職漁師の存在や、多彩な川漁が、そのことを物語っています。著者として、本書を読んで多くの人に豊饒なフィールドと、その時代背景をも想っていただければうれしい限りです。

なお、末筆ながら、文庫本へのお声がけと種々の編集作業には、山と溪谷社の稲葉豊さんが担当してくれました。心より感謝申し上げます。また旧著では、真木事務所（当時）の真木隆氏に大変お世話になりました。厚く謝意を申し上げる次第です。

さらに貴重な写真のご提供をいただいた方々、ならびに表紙のイラストは、旧著同様、釣友のフィスコ和田氏の作品を使わせていただきました。心より感謝申し上げます。あいにくその彼も、昨年突然〝天の川〟へと旅立ちました。この場をお借りしまして、本書に登場した多くの方々に謝意を申し上げるとともに、あわせて哀悼の意を捧げる所存です。

深謝

平成二十八年晩秋

戸門秀雄

初出掲載・取材期日一覧

はじめに＝文庫本のための書き下ろし
雑魚川職漁師の軌跡　山と溪谷社『溪流フィッシング86』（一九八六年）＝一九八五年八月取材
やまめ床二代　山と溪谷社『溪流フィッシング88 No.4』（一九八八年）＝一九八八年四月取材
妙高の山に生きる　山と溪谷社『溪流フィッシング88 No.1』（一九八七年）＝一九八七年七月取材
伝承毛鉤とケンカ釣り　山と溪谷社『溪流フィッシング88 No.2』（一九八八年）＝一九八六年九月取材
相木村の川漁師　山と溪谷社『溪流フィッシングNo.7』（一九八九年）＝一九八八年九月取材
田子倉湖の刺網漁　山と溪谷社『溪流フィッシング87 No.2』（一九八七年）＝一九八六年九月取材
山椒魚と半世紀　山と溪谷社『溪流フィッシングNo.6』（一九八九年）＝一九八八年六月取材
伊那谷の虫踏み漁　山と溪谷社『溪流フィッシング88 No.3』（一九八八年）＝一九八八年一月取材
熊語り　山と溪谷社『溪流フィッシングNo.5』（一九八九年）＝一九八八年八月取材
出逢いの溪、深山の里にて　山と溪谷社『溪流フィッシングNo.11』（一九九〇年）＝一九八九年七月取材
出羽三山、施薬小屋物語　山と溪谷社『溪流フィッシングNo.13』（一九九〇年）＝一九九〇年八月取材
背負子の人生　山と溪谷社『溪流フィッシングNo.18』（一九九二年）＝一九九一年十一月取材
竿師・正勇作　山と溪谷社『溪流フィッシングNo.8』（一九八九年）＝一九八九年六月取材
カジカ滝　つりマガジン別冊『つり歳時記・秋』（桃園書房刊一九八五年秋号）＝一九八五年七月取材

魚津、山女の村にて　単行本のための書き下ろし＝一九八七年八月取材

＊『溪語り・山語り』は、一九九〇年（平成二年）に、小社より単行本として刊行されました。本文庫版は、同書を底本として大幅に加筆・訂正・改題し、再編集したものです。内容は主に昭和六十年代のものであり、現在の状況とは異なります。

戸門秀雄（とかど・ひでお）　一九五二年、埼玉県生まれ。考古学を志すも溪魚の魅力に取りつかれ、溪流浪人を経て一九七六年に埼玉県入間市に溪流魚と山菜、キノコを扱った郷土料理『ともん』を開店。以来、趣味の溪流釣りと食材集めで各地の溪流を訪ね歩き、併せて職漁師の暮らし・漁法・漁具を記録している。ダイワ精工（現・グローブライド社）のアドバイザーも務め、大物喰わせ釣り用の「碧翠」、「碧羅」を共同開発した。著書に本書のほか、『山の魚たちの午後』（ＪＩＣＣ出版局＝現・宝島社）、『山菜・木の実　おいしい50選』『キノコ　おいしい50選』（恒文社）、『職漁師伝』（農山漁村文化協会）などがある

装画＝フィスコ和田
カバーデザイン＝松澤政昭
本文ＤＴＰ・作図＝千秋社
写真＝戸門秀雄、吉田一哉
校正＝五十嵐柳子
編集＝単行本　真木　隆／文庫　稲葉　豊（山と溪谷社）

溪語り・山語り　山人たちの生活誌

二〇一七年一月五日　初版第一刷発行

著　者　戸門秀雄
発行人　川崎深雪
発行所　株式会社　山と溪谷社
郵便番号　一〇一-〇〇五一
東京都千代田区神田神保町一丁目一〇五番地
http://www.yamakei.co.jp/
■商品に関するお問合せ先
山と溪谷社カスタマーセンター
電話　〇三-六八三七-五〇一八
■書店・取次様からのお問合せ先
山と溪谷社受注センター
電話　〇三-六七四四-一九一九
ファクス　〇三-六七四四-一九二七

本文フォーマットデザイン　岡本一宣デザイン事務所
印刷・製本　株式会社　暁印刷
＊定価はカバーに表示してあります

Printed in Japan ISBN978-4-635-04821-7